**WIJ ZIJN VOLKOMEN VEREENZELVIGD MET DE NIEUWE SCHEPPING, VERNIEUWD IN KENNIS OVEREENKOMSTIG HET PATROON VAN DE EXACTE BEELTENIS VAN ONZE SCHEPPER.**

Kolossenzen 3:10 MIR

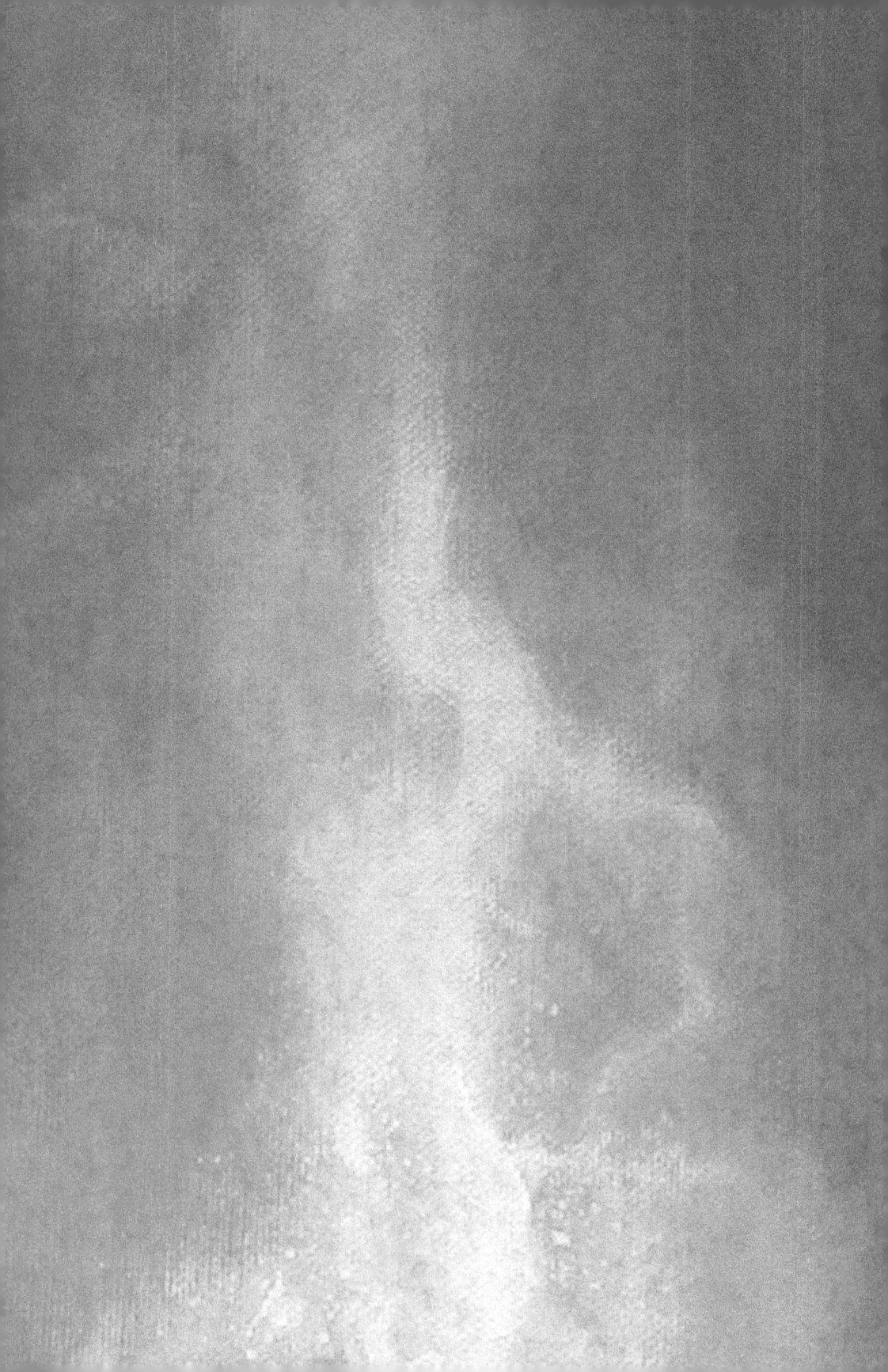

# BOVEN MENSELIJK

JUSTIN PAUL ABRAHAM

OPGEDRAGEN IN EERBETOON

AAN

**ERIC JOHN DAVIES**
1928 - 2011

Hij liet aan de komende generaties
een geestelijke erfenis na

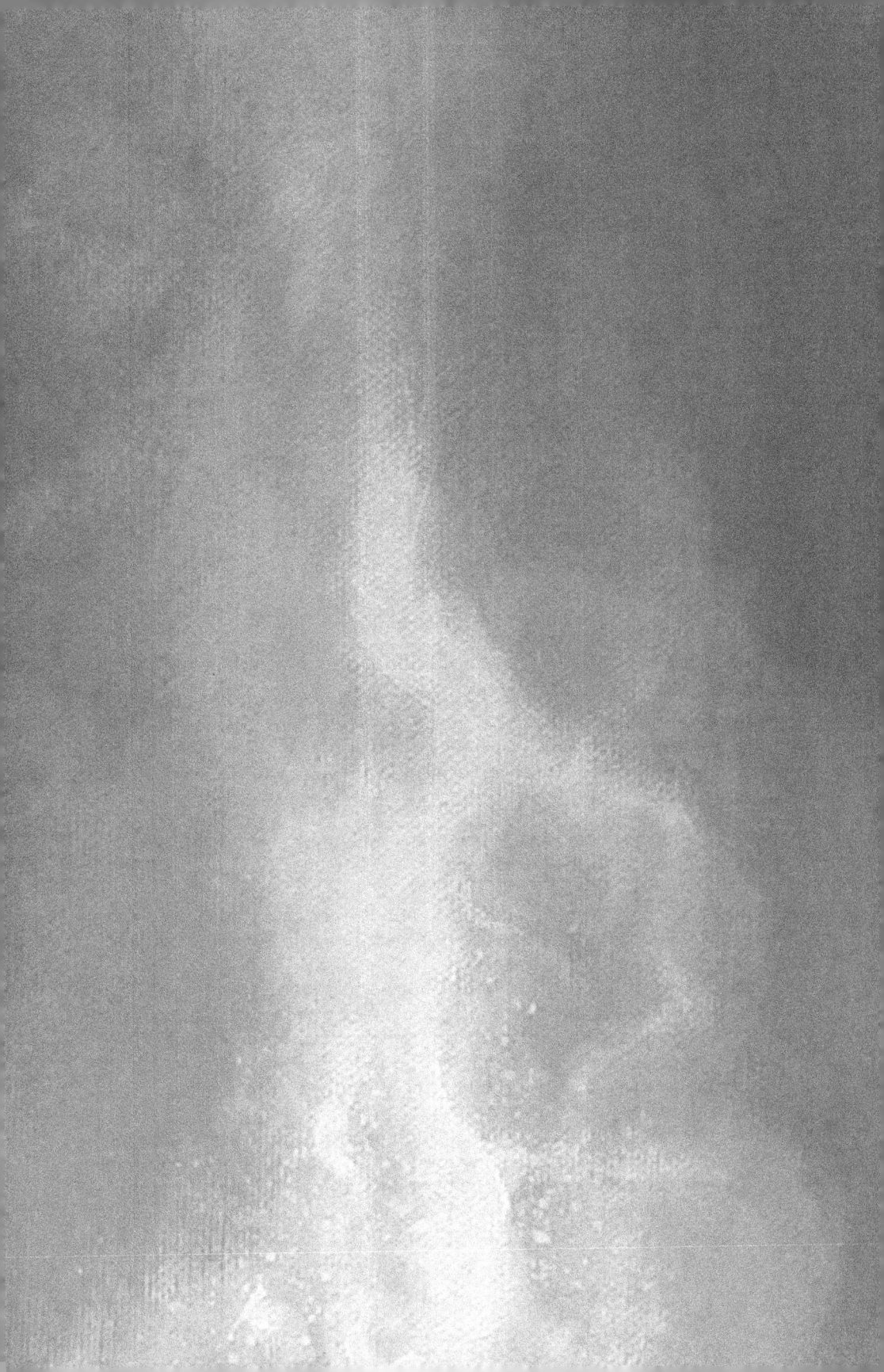

# Bovenmenselijk
Leven als een nieuwe schepping

Uitgegeven door Seraph Creative in 2022
www.seraphcreative.org

Auteur: Justin Paul Abraham
Oorspronkelijke Titel: Beyond Human. Fully identified in the new creation.
Uitgegeven door Seraph Creative © 2016

Omslagontwerp: Oliver Pengilley www.oliverpengilly.co.uk
Vertaling: Esther Tiemens
Redactie: Ronald Montijn

ISBN 978-1-922428-88-2

De auteur heeft zijn onderwijs met vele Bijbelteksten onderbouwd. Daarbij maakt hij gebruik van een groot aantal Engelstalige versies van de Bijbel. In deze uitgave is ervoor gekozen deze Engelse vertalingen één op één in het Nederlands te vertalen en niet altijd gebruik te maken van beschikbare Nederlandse Bijbelvertalingen. Op deze wijze worden de intenties van de auteur om de meest passende vertaling te gebruiken, het beste gehonoreerd.

Voor een volledig overzicht van alle gebruikte Bijbelvertalingen zie blz. 147. Cursivering van Bijbeltekst is toegevoegd door de uitgever.

Het internet is een dynamisch platform. Sommige referenties kunnen daarom een foutcode 404 (pagina niet gevonden) veroorzaken. Onze excuses hiervoor.

Alle rechten voorbehouden. Niets uit deze uitgave mag worden verveelvoudigd, opgeslagen in een geautomatiseerd gegevensbestand, of openbaar gemaakt, in enige vorm of op enige wijze, hetzij elektronisch, mechanisch, door fotokopieën, opnamen, of enige manier, met uitzondering van korte citaten in gedrukte recensies, zonder voorafgaande schriftelijke toestemming van de uitgever.

All rights reserved. No part of this publication may be reproduced, stored in a retrieval system or transmitted in any form by any means - for example, mechanical, electronic, photocopy, recording, or any other - without the prior permission of the publisher.

# Inhoud

Proloog: De morgenstond .................................................................. 9
**Deel 1 : Introductie** ........................................................................ **11**
De komende oogst ........................................................................... 13
De kainos zonen ............................................................................... 17
Mystieke samenwerking .................................................................. 21
**Deel 2 : Bovenmenselijk** ................................................................ **25**
1. Leven vanuit Sion ....................................................................... 27
2. De gemeenschap van engelen .................................................. 35
3. De wolk van getuigen ................................................................. 43
4. Gemaakt om telepathisch te zijn ............................................... 51
5. Telepathisch knooppunt: Eén lichaam ..................................... 57
6. Verder-kijken .............................................................................. 63
7. Doordrenkt met kennis .............................................................. 71
8. Wonderbaarlijke teleportatie ..................................................... 79
9. Metamorfose ............................................................................... 85
10. Dimensionale verschuivingen ................................................... 93
11. Inedia langdurig vasten ............................................................ 101
12. Nooit meer slapen: de nacht benutten ................................... 109
13. Heerschappij over de schepping ............................................. 117
14. Het hemels conflict .................................................................. 125
15. De strijd aangaan met vijandelijke machten ......................... 131
    Epiloog: voorbij de aarde : kosmische gevolgen .................. 139
    Bijbelvertalingen ..................................................................... 147
16. Bonus hoofdstuk: wandelen in de lucht ................................. 149
    Over de auteur ......................................................................... 155
    Uitgeverij seferim .................................................................... 157

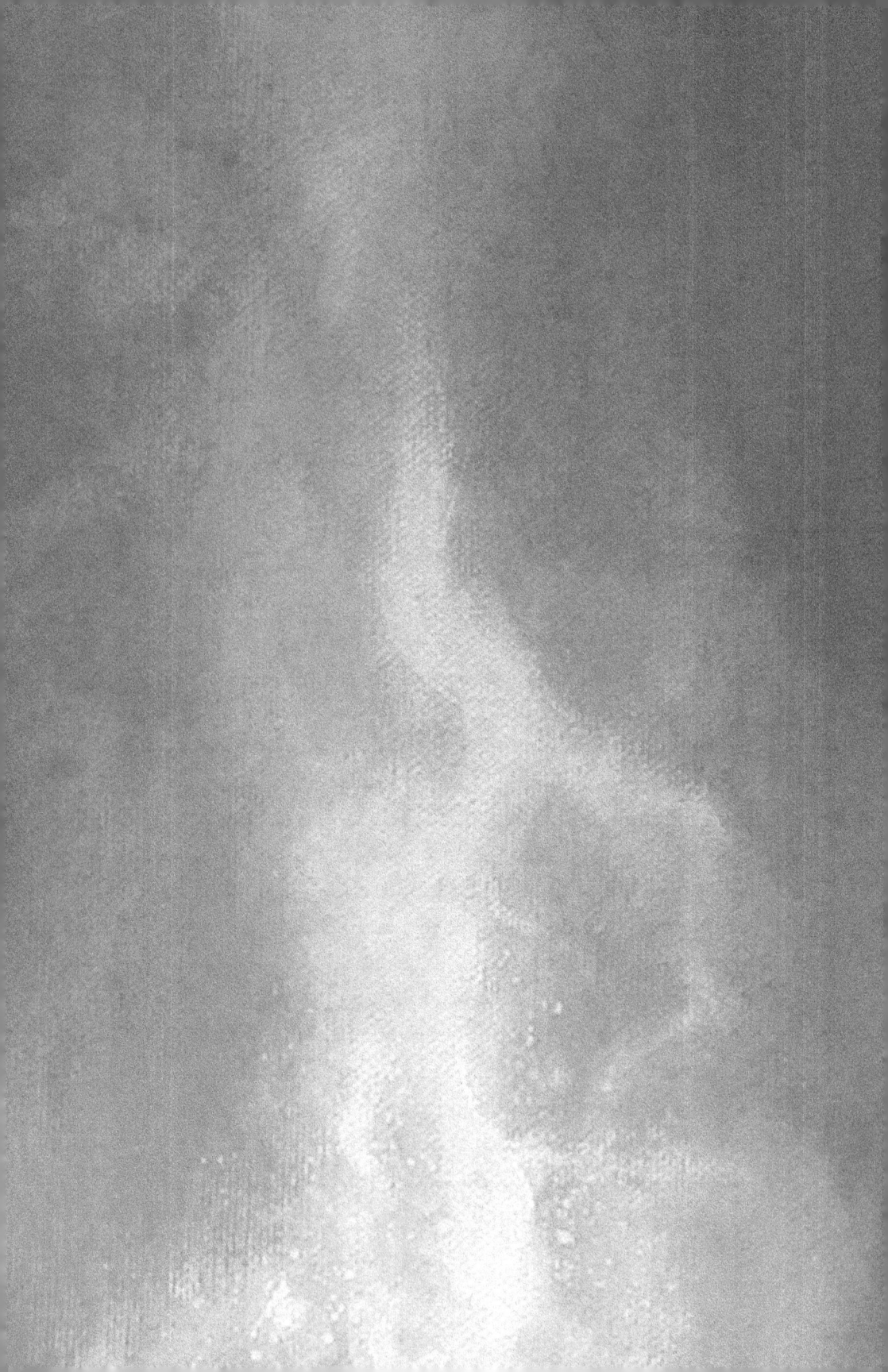

# PROLOOG: DE MORGENSTOND

*Zie je dat de wereld in rap tempo aan het veranderen is?*

Kunstmatige intelligentie nadert met rappe schreden het niveau van het menselijke bewustzijn.

De natuurwetenschappen beginnen op kwantum niveau inzicht te krijgen in de transdimensionale kosmos.

Het menselijk genoom wordt in kaart gebracht en gemanipuleerd, waardoor het wezen van het menselijk ras onder dwang wordt veranderd.

Radicale bewegingen veroveren de hele aarde en veroorzaken grote sociale veranderingen.

Wij zijn in het tijdperk van de grootste verandering sinds eeuwen, misschien zelfs sinds het begin van de menselijke geschiedenis.

## De mensheid wordt wakker

Het lange sluimeren is voorbij, de harde permafrost is gesmolten. Overal verschijnen tekenen dat het menselijke ras bedoeld is voor iets groters.

Larry Randolph, een profeet uit de Verenigde Staten, schrijft:[1]

> *De wereld stevent in hoog tempo af op een tijdperk van bovennatuurlijk bewustzijn. Toekomstvoorspelling, telepathische communicatie, handlezingen, horoscoop lezen, en andere paranormale activiteiten worden steeds populairder.*
>
> *Ons verlangen om iets te horen van gene zijde is de voedingsbodem voor grote groepen helderzienden die zich graag laten inhuren. Mediums met wereldfaam die, naar verluidt, ons verleden zien, onze toekomst voorspellen en communiceren met onze overleden familieleden. Dagelijks worden wij gebombardeerd met het geluid van inzicht in het onbekende.*
>
> *Wat vertelt dat ons?*
>
> *Ik denk dat het ons vertelt dat kapitalisme, atheïsme en modernisme niet aan de verwachtingen voldaan hebben. Het controlesysteem van religieuze instituten*

heeft de geestelijke honger niet kunnen stillen. Wij hebben meer bezittingen dan enige andere generatie, maar wij hebben ons nog nooit zo leeg gevoeld.

Het menselijke ras komt in beweging. De roep van de wereldwijde gebedsbewegingen en de gebedshuizen in de laatste decennia, wordt nu beantwoord. De hemel reageert.

Iedereen heeft wel een diep verlangen in zich; ergens wij beseffen dat wij voor meer gemaakt zijn. Een droom die simpelweg niet verdwijnt. Zoals de profetische schrijver C.S. Lewis ooit zei:[2]

> *Als ik in mijzelf verlangens vind die niet in deze wereld gestild kunnen worden, dan is de enige logische verklaring dat ik voor een andere wereld gemaakt ben.*

Die andere wereld roept. In die andere wereld horen wij thuis.

Het begon als een zachte fluistering ergens op de achtergrond in onze gedachten. Rondwarend in onze onderbewuste dromen. Nu is het een schreeuw geworden. Het dendert luidruchtig door HD-Hollywood kaskrakers, bovennatuurlijke tv-shows, mystieke boeken en spiritueel verzadigde cultuur.

> *De dagen van bovennatuurlijke neutraliteit zijn voorbij.*
>
> Rick Joyner[3]

> *De wolk beweegt, en wij kunnen maar beter mee bewegen.*
>
> Patricia King[4]

Er is een Stem die de mensheid oproept terug te keren naar de oorsprong, naar de blauwdruk van het originele plan.

Een Stem die ons uit onze onwetendheid roept en ons brengt in een toekomst, die zich ver voorbij onze wildste dromen uitstrekt. Een toekomst voorbij de grenzen van ruimte en tijd, van ons denken en ons menselijk lichaam.

## *Een 'Bovenmenselijke' toekomst.*

---

Referenties:

[1] Larry Randolph, Spirit talk, Hearing the voice of God. Morningstar Publications 2005
[2] C.S. Lewis, Mere Christianity. Citaat beschikbaar op www.goodreads.com
[3] Rick Joyner, A Prophetic Vision for the 21st Century. Thomas Nelson Publishers, 1999
[4] Patricia King, Spiritual Revolution: Experience the Supernatural in your life. Destiny Image (2006)

# DEEL EEN
# INTRODUCTIE

# DE KOMENDE OOGST

*Het zal zijn in de laatste dagen, kondigt God aan,
dat Ik mijn Geest zal uitgieten over HEEL de mensheid (AMPC)*

*...over iedereen CJB*

*...over alle mensen ERV*

*Handelingen 2:17*

Donkere wolken trekken samen voor de grootste uitstorting aller tijden. Er komt een wereldwijde invasie van ontzagwekkende genade. De hele aarde zal een opleving van geestelijk bewustzijn en het herstel van de natiën ervaren.

In de vorige eeuw hebben vele profeten deze buitengewone gebeurtenissen voorzien, onder hen was ook Paul Cain. Gedurende vele jaren zag Paul regelmatig toekomstvisoenen, die als een film voor zijn ogen afgespeeld werd. Tijdens deze indrukwekkende geestelijke ervaringen zag Paul stadions vol mensen in extatische aanbidding. De media deed dag en nacht verslag van de adembenemende wonderen en tekenen die er gebeurden. Sportevenementen werden afgelast om ruimte te maken voor deze beweging. Dit was een opwekking zoals er nog nooit geweest was!

In september 1987, zag Rick Joyner (MorningStar Ministries) een meeslepend panoramisch visioen over de toekomst. Het was een ongewone reeks ontmoetingen. Een uitstorting van de Geest met als doel elke historische opwekking te overtreffen. Rick schrijft hierover in zijn boek, *Visioenen van de oogst:*[1]

*Overal zullen massa's mensen zich richten op de Heer. De toestroom zal op bepaalde plaatsen zo groot zijn dat hele jonge christenen grote groepen gelovigen zullen leiden. Arena's en stadions zullen elke avond stampvol zitten, gelovigen komen samen om de apostelen en leraars te horen.*

*Grote samenkomsten zullen spontaan ontstaan en hele steden in opschudding brengen. Buitengewone wonderen zullen normaal zijn. Wat vandaag de dag als een groot wonder wordt gezien, zal door deze jonge gelovigen als vanzelfsprekend worden ervaren. Verschijningen van engelen zullen normaal zijn voor de heiligen. De glorie van de Heer zal langere tijd zichtbaar zijn rondom mensen. Gods kracht zal door hen heen stromen.*

*Deze oogst zal zo groot zijn, dat de kerk zoals beschreven in het boek Handelingen, niet langer als standaard zal worden gezien. Iedereen zal zeggen dat de Heer Zijn beste wijn voor het laatst heeft bewaard! De eerste gemeente was een eerstelingenoffer, dit is echter de ware oogst.*

Deze belofte van diepgaande genade over een generatie weerklinkt in de woorden van de profeet Jesaja. Hij zag de verre toekomst met verwachting en blijdschap.

*Gods heerlijkheid gaat over je op, de glorie van zijn zonsopkomst breekt uit over jou. Volken zullen komen naar je licht, koningen naar je zonnestralende helderheid. Kijk omhoog! Kijk om je heen!... Als je hen ziet komen zul je glimlachen, breed glimlachen! Je hart zal opzwellen, ja, barsten!*

Jesaja 60:1-3 MSG

Deze tsunami van liefde begint waarschijnlijk klein, als een rimpeling in het water. Daarna neemt het momentum toe en wordt de kracht van genade aangetrokken. Uiteindelijk is de golf niet meer te stoppen en zal de impact wereldwijd zijn.

*Maar (de tijd komt eraan dat) de aarde zal VOL worden met de kennis van de glorie van de Heer, zoals de wateren de zee bedekken.*

Habakuk 2:14 AMP

*Alle einden der aarde zullen eraan denken en zich tot de HEERE bekeren: ALLE geslachten (families) van de heidenvolken zullen zich voor Uw aangezicht neerbuigen.*

Psalmen 22:27 KJV

Ik houd van dat woord 'alle'. Het is tijd om 'alle' weer terug te brengen in het Evangelie.

Wat er nu op ons afkomt gaat veel verder dan het redden van zielen alleen. Het is een volledige reformatie van de samenleving, de technologie, menselijke genetica, de economie, spiritualiteit en onze manier van leven. Zelfs de natuur en het dierenrijk zullen door deze verandering overweldigd worden.

De aarde zelf zal een fysieke verandering ondergaan.

*Luipaarden zullen neerliggen met jonge geitjes, en wolven zullen rusten bij lammetjes. Kalfjes en leeuwen zullen samen eten en verzorgd worden door kleine kinderen.*

Jesaja 11:6 CEV

De hele planeet zal een verschuiving naar een hogere frequentie, een hogere dimensie ervaren. Iedereen zal erdoor aangeraakt worden.

Ondanks alles, alle fouten, alle vertragingen…liefde faalt nooit!

---

Referenties:

[1] Rick Joyner, Visions of the Harvest-Updated and Expanded. E-Book Editie. Uitgegeven door Morningstar Publications, Inc (2013). In het Nederlands uitgegeven door Dunamis Publishing in 1999 ISBN: 9789074115278

# DE KAINOS ZONEN

*Wij zien dat het oorspronkelijke en het voorgenomen patroon van ons leven in de Zoon bewaard gebleven is. Hij is de eerstgeborene uit dezelfde baarmoeder, die onze oorsprong, onze 'Genesis' openbaart.*

*Romeinen 8:29 MIR*

Om de toekomst vorm te geven zullen wij met de verwondering van een kind, opnieuw naar het schitterende Evangelie moeten kijken! De inspirerende brieven van Paulus bevatten vele mysteries. Om ons vooruit te helpen zullen deze verborgen wijsheden begrepen moeten worden. Het zijn kleine sleutels maar ze openen grote deuren!

Paulus zoekt naar een woord om de wonderbaarlijke verandering te beschrijven die Christus in het hart van de mensheid bewerkt heeft. Hij gebruikt daarvoor het Griekse woord *'Kainos'*. Ik ben van dat woord gaan houden.

*Daarom, als iemand in eenheid is met Christus, is hij een NIEUW ('Kainos') wezen.*

*2 Korinthe 5:17 TNCT*

*'Kainos'* is een woord dat veel te vertellen heeft. Het zal je helpen het enorme wonder van het Evangelie te begrijpen. Het geeft je een houvast voor de richting waar wij als planeet en als mensheid naar toe bewegen.

Denk hier eens rustig over na en probeer het tot je te nemen. *'Kainos'* betekent niet simpelweg 'nieuw' als een vervanging van het oude. Dat is niet de boodschap van het Evangelie. Christus is niet gekomen om de eerste Adam te vervangen door beter exemplaar, maar met dezelfde menselijke natuur. Hij is geen nieuwe softwareversie van je smartphone. Echt niet!

Jezus is niet gekomen om een nieuwe vervanging te maken voor de oude gevallen mens. Hij kwam om de oude mens te vernietigen en zijn bestaan te beëindigen. Hij heeft een nieuw menselijk ras gecreëerd volgens het *'Kainos'* ontwerp. Een *'Bovenmenselijke'* soort die in goddelijke eenheid leeft. Een soort met onbegrensde mogelijkheden om te groeien.

Volgens de Strongs Bijbel Dictionary betekent *'Kainos' (G 2537 b)*:[1]

*Een nieuwe soort*
*Nog niet eerder voorgekomen*
*Baanbrekend*

*Ongewoon*
*Ongehoord*

Zie je dat? Nog niet eerder voorgekomen. Ik vind dat fantastisch. Het betekent:

*Enorm, nieuw, nog nooit zo voorgekomen, ongeëvenaard, ongeweten, onovertroffen, onvergelijkelijk, onvolprezen, uitstekend*

www.woorden.org

Het is bijna te veel om te bevatten. Dit is het feest van het Evangelie! Er is nieuw menselijk ras op aarde en dat zijn wij. De wereld heeft zoiets nog nooit gezien! Zelfs Adam van voor de zondeval is niet te vergelijken met wat wij aan het worden zijn. Ja, dat is pas een mysterie! Er valt nog zoveel meer te ontdekken! Trek de stoute schoenen aan en ga op ontdekkingstocht!

Laten wij nog naar een andere definitie kijken om ons begrip wat verder op te rekken. Vraag de Heilige Geest om weer het wonder te zien. De Vine's Expository Dictionary definieert *'Kainos'* als volgt:[2]

*Nieuw in vorm of kwaliteit, van een andere natuur dan de oude tegenpool.*

Ik weet wel dat dit gewoon maar woorden op papier zijn. Stop, pauzeer, probeer te overdenken wat dit betekent. Hier zit zoveel geluk in verborgen. Er zijn diepe mystieke waarheden die erop wachten ontdekt te worden.

De gevolgen zijn gigantisch. Dit is véél groter dan de typische zondagochtend bekeringspreek met een 'kaartje naar de hemel'. *'Kainos'* is onsterfelijk en leeft voor altijd, het is een complete metamorfose.

*Je bent geregenereerd (opnieuw geboren), niet vanuit een sterfelijke oorsprong (zaad, sperma), maar vanuit een onsterfelijke oorsprong door het eeuwig levende en blijvende Woord van God.*

*1 Petrus 1:23 AMPC*

'Kainos' komt voort uit het DNA van God. Het is een volledig *nieuwe schepping*. Wat eerder bestond wordt in luister overtroffen en overschaduwd. Het is een orde die de grenzen van het aardse bestaan ver voorbijgaat.

*In dit nieuw geschapen leven, maakt je nationaliteit, je etnische achtergrond, opleiding of economische status geen verschil. Het maakt niks uit. Want het is Christus die alles betekent omdat Hij leeft in eenieder van ons!*

*Kolossenzen 3:11 PAS*

We zijn vrij van de aardse kenmerken zoals nationaliteit, geslacht, genetische samenstelling. Deze kenmerken bepalen niet langer wie wij zijn. Wij kunnen ons niet veroorloven onszelf nog langer door die oude lens te zien. Kijk eens wat Paulus hierover zei:

*Van nu af aan, denken wij aan niemand in slechts menselijke modus.*
*2 Korinthe 5:16 KNO*

*We kennen niemand simpelweg als mens.*
*2 Korinthe 5:16 WNT*

*We schatten mensen niet in op basis van wat ze hebben of hoe ze eruitzien...Nu kijken wij naar binnen, en wat wij zien is dat iedereen die verenigd is met de Messias een nieuwe start krijgt, opnieuw geschapen is.*
*2 Korinthe 5:16 MSG*

Misschien werk je wel op hetzelfde kantoor. Je drinkt dezelfde koffie, kijkt dezelfde films, eet hetzelfde Chinese eten. Maar jij bent niet meer hetzelfde! Je moeten stoppen je anders voor te doen dan je in werkelijkheid zijn. Je bent immers ondergedompeld in de vurige dimensies van de Godheid.

*Precies hetzelfde leven in Christus wordt nu herhaald in ons. Wij worden samen-onthuld in dezelfde gelukzaligheid; wij zijn verbonden in eenheid met Hem, net zoals Zijn leven jou onthult, onthult jouw leven Hem!*
*Kolossenzen 3:4 MIR*

Zag je dat? Eénheid ...ik ben er gek op!!

Wij delen één en dezelfde wereld met Christus. Een wereld gevuld met heiligen die voor eeuwig leven, ontelbare engelen en onbeschrijfelijke wonderen. Een realiteit waarin het beïnvloeden van de tijd alles mogelijk maakt en multidimensionale niveaus bestaan. Doortrokken van bovennatuurlijke krachten, wijsheid, kennis en nog veel meer. Een wereld die steeds verder boven onze stoutste dromen uitstijgt.

*Als iemand in Christus is...is hij in een NIEUWE WERELD*
*BE*

Hoe beginnen wij hierin te wandelen? Het is simpel. Zo makkelijk dat zelfs een kind het snapt. Wij stappen erin door het te geloven. Wij geloven dat Jezus de deur is, dat geeft ons GRATIS toegang (Johannes 10:9). Het is een geschenk van pure genade. Wij kunnen niets doen om het zelf te bereiken. Hij maakt ons rechtvaardig.

*Vanuit pure vrijgevigheid heeft Hij ons met Zichzelf verzoend. Het is echt een cadeau van God. Hij haalde ons uit de rotzooi waar wij in zaten en herstelde en promoveerde ons tot waar Hij ons altijd al wilde hebben. En dat deed Hij door middel van Jezus Christus.*

*Romeinen 3:21-26 MSG*

*God maakt mij levend samen met Christus. Hoe kan enige menselijke inspanning dat overtreffen? De termen mede-gekruisigd en mede-opgewekt definiëren mij nu. Christus in mij en ik in Hem!*

*Galaten 2:19-20 MIR*

De mensheid is mede-gekruisigd met Christus. Het is over en uit. Nu zijn wij mede-levend gemaakt met Hem.

Het mysterieuze *'Bovenmenselijke'* ras is gearriveerd.

---

Referenties:

[1] James Strong. Strong's Biblical Dictionary gepubliceerd in 1800. Online beschikbaar op www.blueletterbible.org of www.biblehub.com

[2] E. Vine's M.A., Expository Dictionary of New Testament Words gepubliceerd in 1940 en zonder copyright

# MYSTIEKE SAMENWERKING

*Ik zal wonderen doen boven in de lucht en tekenen verrichten op de aarde*

*Handelingen 2:19 CIV*

Wordt je hart wakker geschud door dit Evangelie? Ik hoop het echt. Ik hoop dat je deelgenoot wordt van het glorieuze leven dat Hij voor jou heeft voorbereid (Johannes 10:10). Een leven van eindeloze vreugde en herstelde onschuld.

*Jezus is Gods genadevolle omarming van het hele menselijke ras. Dus daar staan wij dan, fier in de vreugdevolle gelukzaligheid van onze geredde onschuld! Wij zijn de vervulling van Gods droom!*

*Romeinen 5:2 MIR*

Ik wil de progressieve logica van de laatste hoofdstukken nog een stap verder brengen. Ik ben volledig overtuigd door het Evangelie. Ik heb glimpjes gezien van de toekomst en het is fantastisch.

En het komt al zo snel! Wij zijn dichterbij dan wij gedacht hadden!

*En doe dit, wetend hoe laat het is, dat het nu hoog tijd is om wakker te worden uit de slaap; want onze redding is nu dichter bij dan wij eerst dachten. De nacht is ver gevorderd, het is bijna dag.*

*Romeinen 13:11-12 NKJV*

Ben je er klaar voor? Klaar voor de geestelijke revolutie? Patricia King schrijft:[1]

*Misschien dat sommige dingen die de Heer op het punt staat te doen, choquerend en voor veel mensen overdonderend zullen zijn. Zoals wij gezien hebben in vroegere bewegingen en revoluties, zullen er altijd mensen zijn die weerstand bieden en hun hart verharden. Ze willen vasthouden aan tradities en oude denkpatronen. Verandering is vaak moeilijk omdat het ons dwingt onze starre meningen te herzien. Wij moeten bereid zijn ons comfortabele leventje los te laten.*

*Maar ondanks de weerstand tegen de revolutie zullen er ook zijn die hem omarmen. Zij zullen aan boord springen en Jezus volgen op een nieuw, nog niet in kaart gebracht terrein. Sommige dingen die God in de komende tijd gaat doen, zijn nog nooit eerder gedaan. Het zal je voorstellingsvermogen oprekken en je intellect uitdagen.*

We kunnen ons er maar beter op voorbereiden opgerekt te worden! Ik denk dat onze hersens net zo zullen kraken als in de dagen van het Nieuwe Testament! Kijk maar naar wat de mensen in Jezus' tijd zeiden:

> *We hebben wonderbaarlijke*
> *en vreemde*
> *en ongelooflijke*
> *en ondenkbare dingen*
> *gezien vandaag!*
>
> Lukas 5:26 AMPC

Deze tijden zullen ook wij gaan beleven. Ik hoor in mijn geest steeds weer 'bizarre tijden' klinken.

'Doe wat Ik deed en nog meer!' Roept Jezus nog steeds. De hemel wil dat wij slagen.

> *Ik verzeker jullie dat degene die in Mij geloofd, dezelfde dingen zal doen die Ik gedaan heb, ja, en hij zal zelfs grotere dingen doen, want Ik ga naar de Vader. Wat je de Vader ook vraagt in Mijn naam, zal Ik doen, zodat de Zoon glorie aan de Vader mag brengen. En als je Mij iets vraagt in Mijn naam, zal Ik het geven.*
>
> Johannes 14:12 PHI

Sta daar eens even bij stil... doen wat Jezus deed en meer.

Zo langzamerhand zijn wij experts geworden in het geven van onderwijs binnen de muren van de kerk. Wij hebben de profetische bediening, de healingrooms, het pastoraat en bevrijding. Wij profeteren, zorgen voor de armen, zijn maatschappelijk betrokken en evangeliseren.

Maar waarom gaat de kerk niet verder? Heeft iemand een onzichtbare grens getrokken? Al bijna 2000 jaar staat een groot deel van de kerk twijfelend op het strand van het ongeloof. Wij hebben vele uren naar de prediking geluisterd, desondanks nemen wij genoegen met minder dan wat God in het oorspronkelijke ontwerp voor ons bestemd had.

Maar de tijden zijn veranderd. De huidige manifestatie van het christendom zal in de komende decennia drastisch veranderen, transformeren. Wat er ook gaat komen, geestelijk gezien zal het nooit meer irrelevant zijn.

Ben je er klaar voor? Rick Joyner zegt:[2]

> *In de voortgang naar het einde van dit tijdperk, zal het conflict tussen licht en duisternis steeds meer bovennatuurlijk worden.*

*De tijd waarin je een neutrale houding ten opzichte van het bovennatuurlijke kon hebben, is voorbij.*

In de komende hoofdstukken gaan wij een aantal van de indrukwekkende 'Kainos' uitwerkingen verkennen; uitwerkingen die de huidige kerk genegeerd heeft. Stel je open voor de capaciteit om te dromen, stel je hart erop in om het te ervaren. Wakker het verlangen aan voor volledige vervulling ervan in jouw leven.

Stap voor stap zullen wij verschillende realiteiten van deze nieuwe schepping onderzoeken. Wij zullen onderwerpen als het wisselen van dimensies, een leven zonder eten en slaap, met kennis doordrenkt worden, het op afstand waarnemen van gebeurtenissen, wandelen met engelen, bovennatuurlijke transrelocatie en meer, de revue zien passeren.

Ik kan in dit boek niet alle mogelijkheden beschrijven, dan zou het een héél groot boek worden. Ik heb het kort gehouden. Misschien voeg ik er in toekomstige edities nog dingen aan toe.

Mijn doel is om in elk hoofdstuk te onderwijzen op basis van 3 pilaren: Jezus als de ultieme blauwdruk, de heiligen als voorbeelden die wij kunnen volgen, en dan moderne verhalen van integere mensen. Ik hoop dat dit je vertrouwen geeft in de echtheid van wat ik geschreven heb.

Elk hoofdstuk kan als separate meditatie gelezen worden, maar je kan het ook aan een stuk doorlezen. Je kunt erin en eruit springen waar en hoe je zelf maar wilt. Het kan zijn dat dit boek meer vragen oproept dan dat het antwoorden geeft, maar dat is oké. Waarheidsgetrouwe openbaring daagt ons uit en maakt ons ervan bewust dat er nog veel meer te ontdekken valt.

Omarm de schoonheid van mysterie, dat is de beste manier.

Dit is geen perfect boek. In komende edities zullen vast verbeteringen worden gemaakt, maar het is geschreven met passie vanuit mijn hart. Het is geschreven vanuit mijn intimiteit met Jezus.

Ik hoop dat je ervan geniet.

---

Referenties:

[1] Patricia King, Spiritual Revolution, Experience The Supernatural in Your Life Through Angelic Visitations, Prophetic Dreams, Visions, and Miracles. Destiny Image (2006)
[2] Rick Joyner, meer informatie beschikbaar op www.morningstarministries.org

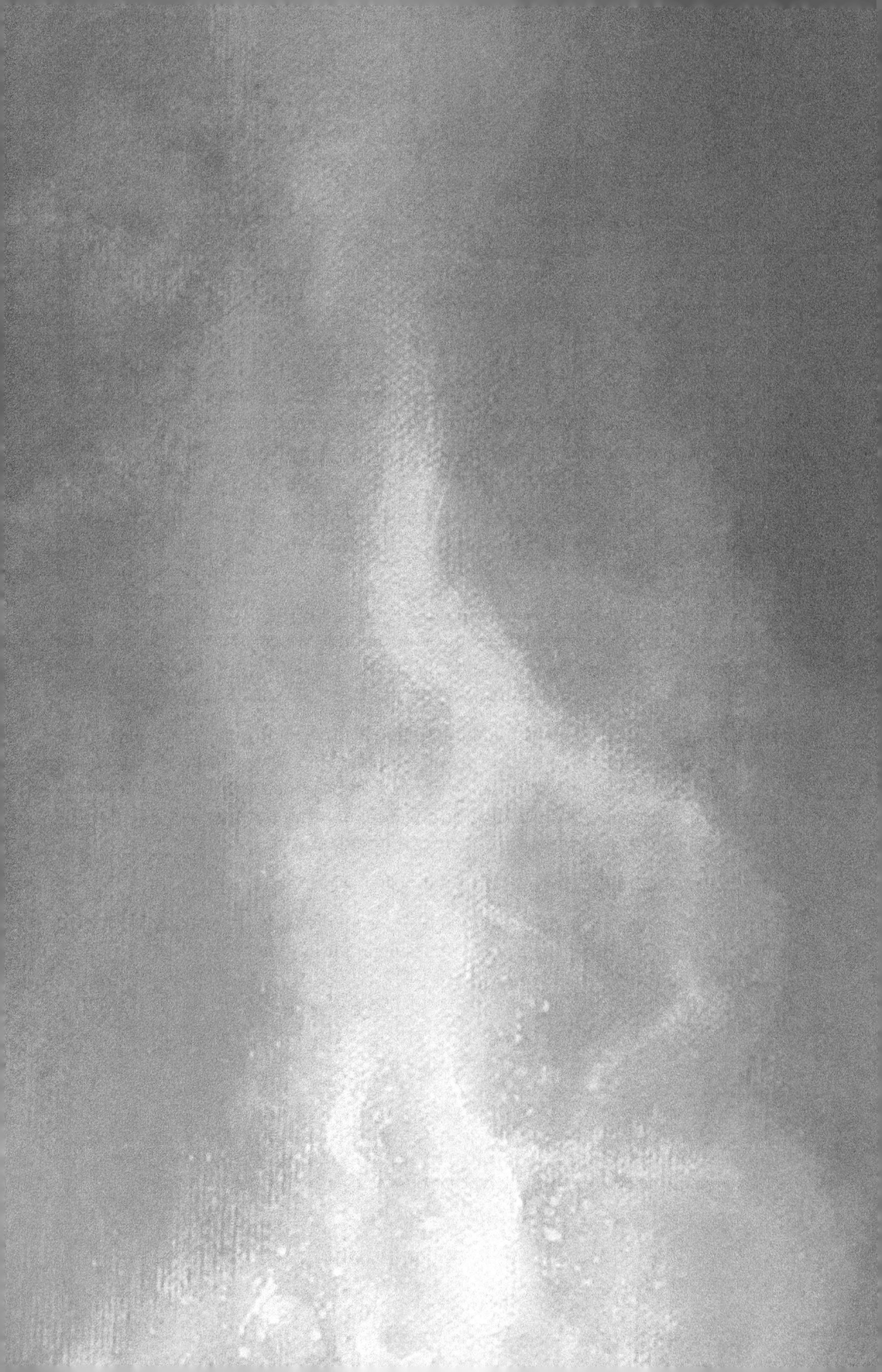

# DEEL TWEE
# BOVENMENSELIJK

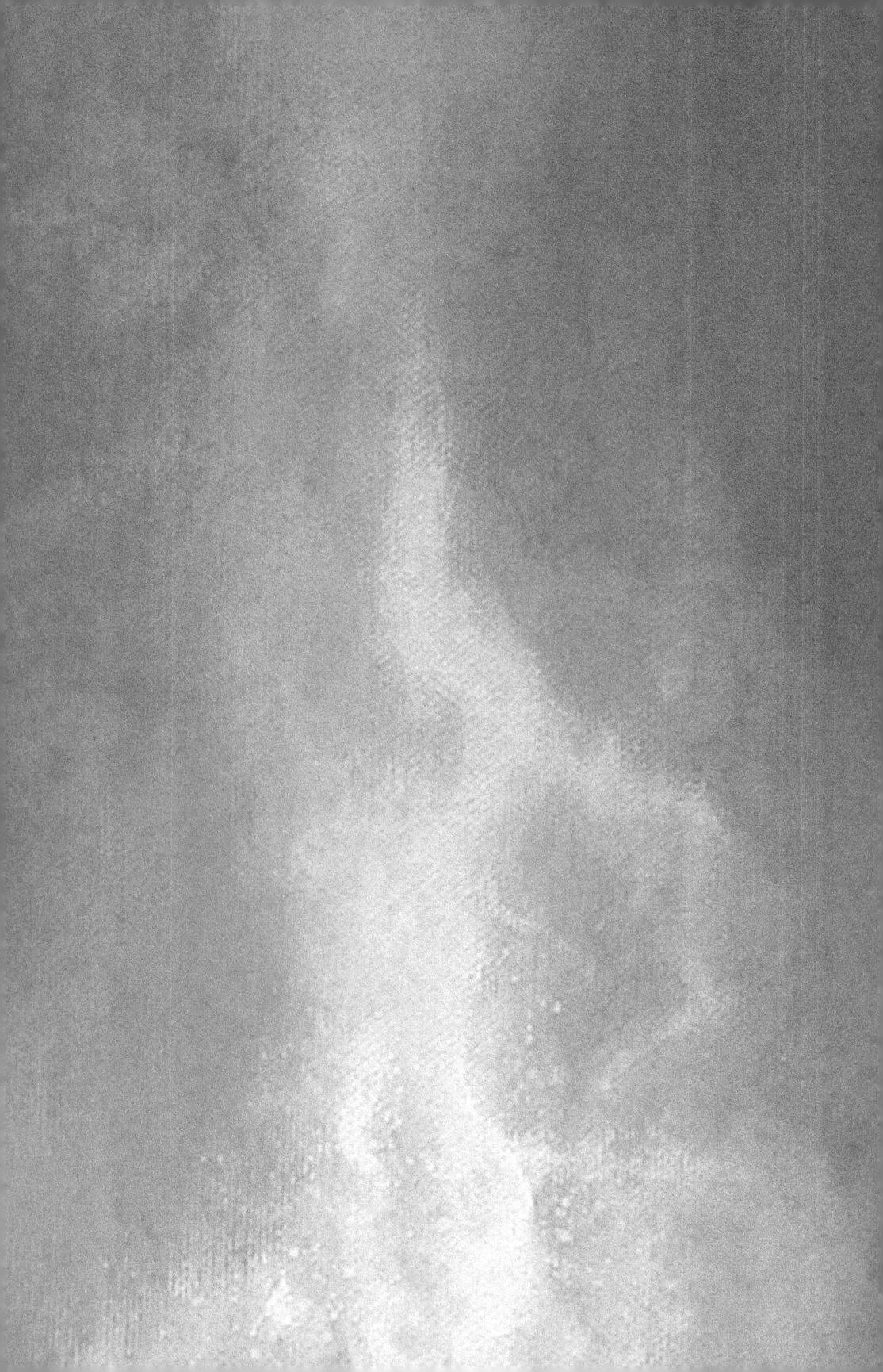

# LEVEN VANUIT SION

*We moeten de toekomst smeden vanuit het onzichtbare.*

*Paul Keith Davis*[1]

Heb je de film *'The Matrix'* gezien? Wanneer je dat nog niet gedaan hebt, moet je dat zeker doen! Het is echt een aanrader. Ik geloof echt dat het een profetisch beeld van de Ecclesia is.

De film *'The Matrix'* toont ons de realiteit van een nieuwe schepping. Het verhaal is een aaneenschakeling van openbaringen. De thema's laten zien wat er allemaal mogelijk is: het overwinnen van het systeem, het daadwerkelijk veranderen van de materiële wereld, het springen over gebouwen, instantane downloads van kennis en vaardigheden, het stoppen van kogels en het vliegen in de aardse dimensies.

Maar ik wil de kerngedachte van de film uitwerken. Het is het idee dat de zichtbare wereld slechts één laag van onze realiteit is. Achter de zichtbare wereld bevindt zich de 'echte wereld'. Deze onzichtbare wereld regeert over en houdt de materiële wereld in stand. Wij noemen dit ook wel de hemelse dimensie of hemelse gewesten.

In dit hoofdstuk wil ik de mysterieuze waarheid onderzoeken dat ons leven met de hemelse dimensies verweven is. De waarheid is dat wij met Christus in de hemelse gewesten gezeten zijn. In Hem hebben wij vrije toegang tot deze onzichtbare dimensie. De Geest maakt het mogelijk dat wij loskomen van deze aarde en tijd doorbrengen in Sion.

Dat is choquerend! Het is moeilijk te begrijpen. Maar wij moeten deze omschakeling in ons denken maken voor wat komen gaat. Op een of andere mysterieuze manier zijn wij al thuis, verweven met Christus.

> *Als u nu met Christus opgewekt bent, zoek dan de dingen die boven zijn, waar Christus is, Die aan de rechterhand van God zit. Bedenk de dingen die boven zijn en niet die op de aarde zijn, want u bent gestorven en uw leven is met Christus verborgen in God.*
>
> *Kolossenzen 3:1,2 HSV*

Laten wij opnieuw naar Christus kijken, Hij is het grote voorbeeld, het prototype van de nieuwe mens. Dan kunnen wij begrijpen wat er nu eigenlijk gebeurd is.

We zijn het erover eens dat Jezus uit de hemel kwam, toch? Nu wordt het interessant. Vreemd genoeg, heeft Jezus op één of andere mystieke manier de hemel niet helemaal verlaten. Iets van zijn wezen bleef achter. Geen paniek! Dit staat in de Bijbel! In Johannes 3:12 vertelt Jezus aan Nicodemus dit ontzagwekkende geheim.

> Als Ik aardse dingen tegen u zei en u niet gelooft, hoe zult u geloven als Ik hemelse dingen tegen u zeg? En niemand is opgevaren naar de hemel dan Hij Die uit de hemel neergedaald is, namelijk de Zoon des mensen, Die in de hemel is.
>
> Johannes 3:12 HSV

Nicodemus stond vast met z'n oren te klapperen! Niet alleen had Jezus gesproken over het opnieuw geboren worden, dit is op zich al bizar. Maar Jezus voegt er nog aan toe dat Hij uit de hemel kwam. Toen liet Hij alle stoppen doorslaan door te zeggen dat Hij nog steeds in de hemel was, terwijl Hij met Nicodemus stond te praten. Ik denk dat Nicodemus sterretjes zag!

Laten wij het nog een keer lezen maar nu in de Amplified vertaling:

> En toch is er nooit iemand naar de hemel gegaan, maar er is Eén die naar beneden is gekomen uit de hemel: de Zoon des mensen (zelf), Die in de hemel is (Zijn thuis heeft, en daar verblijft).
>
> Johannes 3:12 AMP

Ongelooflijk toch?! Jezus zegt dat Hij IN DE HEMEL VERBLIJFT. Het was zijn thuis. Hij openbaarde aan Nicodemus een hogere manier van leven. Jezus onderstreepte dit nog een keer toen Hij zei:

> Ik spreek over wat Ik bij Mijn Vader gezien heb;
>
> Johannes 8:38 HSV

Waar zag Jezus de Vader? In de hemel natuurlijk – 'Onze Vader die in de hemelen zijt' (Lukas 11:2) Dit is hoe Jezus ons leerde bidden. Hij stapte in de onzichtbare dimensie om te zien en onderwezen te worden.

Hele nachten wijdde Hij toe om in de Geest te zijn met de Vader. Voor het *'Kainos'* ras, is de hemel het startpunt. Daar worden wij verfrist, verlicht, getransformeerd en onderwezen.

Het wisselen van dimensies en aanhaken bij de hemelse realiteit was voor Jezus de gewoonste zaak van de wereld. Hij had als volwassen Zoon vrije toegang. Hier zien wij slechts één voorbeeld in het Evangelie van Johannes:

*Hij sloeg Zijn ogen op naar de hemel en zei: Vader, het uur is gekomen.*
*Johannes 17:1 HSV*

Als je wat dieper graaft, ontdek je dat het stukje 'sloeg zijn ogen op' letterlijk betekent:

*Jezus werd 'opgeheven/omhoog getild (epairo)' naar de hemel (ouranos) waar God verblijft'*

Om te kunnen bidden verplaatste Hij zich naar de hemelse dimensies. Hij was op dat moment zowel in de hemel als op de aarde. De apostel Johannes noemt dit 'in de geest zijn' (*Openbaringen 1:10*). Mijn vriend Ian Clayton beschrijft het alsof je door het voorhangsel stapt. Het is normaal voor ons als *'Kainos'* zonen om de hemel in te gaan.

*Laten wij dan met vrijmoedigheid naderen tot de troon van genade, opdat wij barmhartigheid verkrijgen en genade vinden om geholpen te worden op het juiste tijdstip.*
*Hebreeën 4:16 HSV*

Het is niet de dood die deze realiteit voor ons opent. Nee! Het is Jezus die ons nú vrije toegang geeft:

*Ik ben de Deur; als iemand door Mij naar binnen gaat, zal hij behouden worden; en hij zal ingaan en uitgaan en weide vinden.*
*Johannes 10:9 HSV*

We kunnen naar binnen-, en weer naar buitenstappen! Het ervaren van deze dimensionale wisselingen is onderdeel van de nieuwe schepping, een *'Kainos'* ervaring.

Vroeger dachten we dat het ingaan in de hemel slechts zelden gebeurde. Alleen profeten hadden het voorrecht dit mee te mogen maken. Wij zullen ervaren dat het overal zal gaan gebeuren. Wanneer de Ecclesia bijeenkomt, zal zij opstijgen zodat zij niet op de aarde maar in de hemel bijeenkomt. Daar zullen wij elkaar ontmoeten. Het is echt waar! De Bijbel zegt het duidelijk:

*Vele volken zullen gaan en zeggen: Kom, laten wij opgaan naar de berg van de HEERE, naar het huis van de God van Jakob; dan zal Hij ons onderwijzen aangaande Zijn wegen, en zullen wij Zijn paden bewandelen. Want uit Sion zal de wet uitgaan, en het woord van de HEERE uit Jeruzalem.*
*Jesaja 2:3 HSV*

Vele volken zullen als leden van Gods huisgezin het hemelse Sion ingaan.

> *Zo bent u dan niet meer vreemdelingen en bijwoners, maar medeburgers van de heiligen en huisgenoten van God,*
>
> *Efeze 2:19 HSV*

Dit is de ordening van Melchizedek. Een hemels volk bewegend vanuit het onzichtbare. Het scherpe woord van de Heer dat als een orakel klinkt vanuit Sion om de aarde te vormen. Dit is waar wij nu balanceren: op de horizon van een nieuwe wereld. Dit is het patroon van Christus.

> *En Hij zei tegen hem: Voorwaar, voorwaar, Ik zeg u allen: Van nu af zult u de hemel geopend zien en de engelen van God opklimmen en neerdalen op de Zoon des mensen.*
>
> *Johannes 1:52 HSV*

Jezus is de open hemel. In mystieke verbondenheid hebben wij ook vrije toegang tot de open hemelen. Zoals Johannes op het eiland Patmos kunnen wij in de Geest zijn. Wij kunnen ons omkeren om een Stem te horen of om de zeven kandelaren te zien. Wij kunnen zelfs nog hoger opstijgen door de geopende deur.

> *En ik keerde mij om, om de stem te zien die met mij had gesproken. En toen ik mij had omgekeerd, zag ik zeven gouden kandelaren. En te midden van de zeven kandelaren zag ik Iemand Die op de Zoon des mensen leek, gekleed in een gewaad tot op de voeten, en op de borst omgord met een gouden gordel;*
>
> *Openbaringen 1:12,13 HSV*

Overal waar wij heen gaan om te spreken, is een groeiend aantal mensen dat vergelijkbare hemelse ontmoetingen heeft. Veel mensen zien de onzichtbare wereld van de heiligen en de engelen. Zij participeren in de rechtbanken, de raadsvergaderingen en de oorlogstribunalen. Zij bezoeken bibliotheken, wandelen in Eden en nog veel meer. Dit zijn de werkelijke kenmerken van de komende grote verandering.

Ik heb in visioenen en dromen gezien dat over de hele aarde mystieke groepen gaan ontstaan; zij zijn in God met elkaar verbonden. Wij zullen meer dan enige generatie voor ons, gaan zien dat er eigenlijk maar één grote familie is: zowel in hemel als ook op aarde *(Efeze 3:5)*. Wij zijn één, verweven met elkaar.

Deze samensmelting zal krachtiger zijn dan alles wat wij ooit eerder hebben gezien. Het zal de wereld choqueren! Zij zullen terugkeren naar ijver voor God met energie, leven en blijdschap!

Pastor Roland Buck proefde tientallen jaren geleden al iets van deze dimensie. Roland was aan het studeren en bidden in het kantoortje in zijn kerk, als voorbereiding voor de zondagochtenddienst. Plotseling werd hij om 10:30 de hemel in ontvoerd![2]

> *Ik zat achter mijn bureau met mijn hoofd op mijn arm, toen ik plotseling, zonder waarschuwing, werd weggehaald uit die kamer! Ik hoorde een stem zeggen: 'Ga met mij mee de troonzaal in waar de geheimen van het universum bewaard worden!' Ik had niet eens tijd om antwoord te geven; ruimte betekent niks voor God! Het was in een ogenblik gebeurd – boem – en ik was er!*

Roland ontdekte dat de hemel veel relaxter, lichter en gelukkiger was dan hij ooit had gedacht. God sprak persoonlijk met hem en nodigde hem uit om vragen te stellen. Het was heerlijk.

Tijdens dit bezoek, lichtte God een tipje van de sluier op over de glorieuze, verborgen geheimen van het universum; over materie, energie, natuur en ruimte…

Roland had het gevoel dat hij daar een paar maanden was, of zelfs nog langer. Verbazend genoeg bleek dat er bij zijn terugkomst in zijn kantoor, slechts vijf aardse minuten verstreken waren.

> *Ineens was ik weer terug in mijn kantoor, en ik zag mezelf met mijn hoofd op het bureau waar ik had zitten bidden. Tot dat moment had ik gedacht dat ik met mijn lichaam in de Troonzaal was, maar dat was niet zo! De Heer heeft een fantastisch gevoel voor humor. Er wordt een hoop gelachen en plezier gemaakt in de hemel. Ik zag de achterkant van mijn hoofd en ik zei: 'Heer, ik wist niet dat ik vanachteren al zo wit was!'*

Ik vind dat een heerlijk verhaal. In de tijd die nodig is om koffie te zetten, was Roland Buck maanden in de hemel. Hij werd gevuld met kennis over komende gebeurtenissen en inzichten in mysteries. Er werden ook nog meer dan 2000 Bijbelteksten in zijn geheugen gegrift. Doe mij ook eens zo'n koffiepauze!

> *God gaf mij speciaal inzicht in meer dan 2000 Bijbelteksten. In één keer kende ik deze teksten uit mijn hoofd en wist precies waar ze stonden. Ik kan niet uitleggen hoe dat gebeurde! Ik hoef ze niet naar boven te halen, ik kan ze zien wanneer ik maar wil.*

Ik zeg je, er komt een verandering aan die niemand verwacht. Mensen over de hele wereld zullen ervaringen hebben vergelijkbaar met die van Roland Buck. Dan wordt de status quo in puin geslagen en worden de boeien van religie gebroken.

Er staat een *'Kainos'* generatie op, een nieuw ras, dat beïnvloed wordt door de atmosfeer van de hemel. Niet alleen zullen zij in de Geest leven, maar uiteindelijk zal een deel van hun wezen altijd in de hemel zijn.

Rick Joyner zegt:[3]

> *Er is een open deur in de hemel, en wij zijn uitgenodigd om er doorheen te gaan. Zij die deze uitnodiging aanvaarden, zullen in de Geest worden opgenomen. Het resultaat is geweldig! Zij zullen de Ene die op de Troon zit, constant kunnen zien. Dit is het ultieme doel van alle ware profetische openbaring: het zien van de glorieuze, opgestane Christus en de autoriteit die Hij nu over alles heeft.*

Iemand waarvan ik geloof dat ze dit benadert, is Nancy Coen, een invloedrijke zendelinge die in de Islamitische wereld werkzaam is. Ik vroeg haar eens hoe vaak ze naar de hemel gaat, ze glimlachte en zei:

> *Lieverd, de waarheid is dat ik altijd in de hemel ben.*

Haar ogen straalden en ik wist dat het waar was.

Zij straalt van glorie. Nancy is letterlijk honderden uren in de hemel door Jezus, de heiligen en de engelen onderwezen.

Bob Jones is een andere moderne mysticus die de grenzen tussen de hemel en de aarde heeft doen vervagen. Bob maakte wel eens geintjes over mensen die wachten op de opname bij de wederkomst, terwijl hij zelf vijf keer per dag in de hemel werd opgenomen! Voor Bob was dat normaal. Hij is Gods vriend, en vrienden zien elkaar vaak!

> *Vader, Ik wil dat degenen die U mij gegeven heeft, bij Mij zijn, waar Ik ben, zodat ze Mijn glorie kunnen zien, de heerlijkheid die U Mij gegeven hebt, omdat U Mij liefhad lang voordat er een wereld was.*
>
> *Johannes 17:24 MES*

Jezus verlangt ernaar dat dit beantwoord wordt. Niet als wij doodgaan, maar terwijl wij nog leven!

Ik zou nog veel meer kunnen zeggen, maar de ruimte is beperkt. Ik wil dit hoofdstuk met nog één verhaal over de heiligen afsluiten. Wellicht heb je wel eens van 'De vrouwen van de gouden kandelaar' gehoord? De groep vrouwen kwam jaren bijeen voor gebed en lofprijs. Profeet James Maloney was ooggetuige van wat er tijdens hun hemelse gebedstijden gebeurde.[4]

*Zodra iedereen in tongen begon te zingen, viel de kracht van God als een zware, dichte mist. Het was overweldigend. Ik kon de mensen horen, maar ik kon ze niet zien. Het kostte een paar minuten voor mijn ogen eraan gewend waren, zodat ik de persoon naast mij kon zien...*

*Het plafond was verborgen in een paarse, rondwervelende wolk. Soms zweefden er veren in de wolk. Vanuit de wolk klonk vaak het hoorbare geluid van opgetogen kinderen. Het waren werkelijk open hemelen, een spiritueel portaal zoals de ladder van Jacob. Talloze keren waren de 24 oudsten onderdeel van de aanbidding.*

*En een aanhoudend komen en gaan van engelenlegers...Er waren vuurlichten (de enige manier om ze te beschrijven), dat waren de engelen die vanuit de wolk naar de vloer vielen. Als de vuurlichten de grond raakten, kon je de voeten van de engelen uit het vuur tevoorschijn zien komen.*

Vijftig jaar lang heeft deze groep ervaren dat de scheiding tussen en hemel en aarde wegviel. Zij reisden lichamelijk naar de hemel en kwamen terug met sandalen en kleding doorweven met edelstenen en gouddraad. Zij demonstreerden wat binnenkort over heel de aarde ervaren zal worden.

Te mooi om waar te zijn? Maar dit is het Evangelie!

Rick Joyner zegt[5]:

*Dit is geen fantasie. Echt christendom is het grootste avontuur dat iemand ooit kan beleven op deze aarde. Echt kerkelijk leven, zoals het oorspronkelijk bedoeld is, is een bovennatuurlijke ervaring. Het is leven vanuit een andere dimensie voorbij deze aarde, dat écht leven brengt naar de aarde.*

Aan ons is de uitnodiging gegeven om in de voetstappen van Henoch, Elia, Johannes en de heiligen te treden. Hoe beginnen wij daaraan? Ik heb geleerd dat het heel simpel is: door GELOOF gaan wij naar binnen. Gewoon geloven! Door geloof werd Henoch opgenomen!

*Door zijn geloof werd Henoch opgenomen en overgeplaatst naar de hemel.*
*Hebreeën 11:5 AMPC*

Geloof is het vertrouwen dat God ons verborgen heeft in de hemel in Christus *(Kolossenzen 3:3).* Een zeker weten dat God wil dat wij ervaren hoe het is om daar te zijn. De deur is altijd open. Wij zijn uitgenodigd om mee te doen met Sion. Wij zijn schoon, heilig en geaccepteerd in de Geliefde. Vanuit deze houding van onschuld stappen wij naar binnen door het voorhangsel.

*Geloof is op de eerste trede stappen, ook als je de rest van de trap niet ziet.*[6]

Mijn vriend Ian Clayton onderwijst een simpele manier om het naar binnen stappen door het voorhangsel te activeren. Ian zegt:[7]

*Zet fysiek een stap naar voren en stap zo de hemelse dimensie binnen. Beweeg je lichaam en geloof dat je werkelijk in- en weer uit Sion stapt. Iedere keer dat je dit doet, overbrug je de dimensies. Door geloof zul je het zien en kan ook jij de hemel ervaren.*

Door te oefenen zullen je geestelijke zintuigen geactiveerd worden. Je zult nieuwe ervaringen krijgen. Dit is de wet van eren en concentreren. Dit is hoe Henoch zijn reis naar de hemel begon, door simpel kinderlijk geloof. Uiteindelijk hield God Henoch permanent daar. Henoch leeft nu voor eeuwig in een uitvergrote, glorieuze staat. Zou jij dat ook niet willen?

Probeer het eens vandaag. Zet gewoon een kleine stap. Jij hoort thuis in Sion!

---

Referenties:

[1] Paul Keith Davis, find out more via www.whitedoveministries.org
[2] Roland H. Buck, Angels on Assignment. Whitaker House (1979)
[3] Rick Joyner, The Sword and the Torch. Morningstar Publications (2003)
[4] James Maloney, Ladies of Gold: The Remarkable Ministry of the Golden Candlestick, Deel 1. Answering the Cry Publications (2011)
[5] Rick Joyner, The Sword and the Torch. Morningstar Publications (2003)
[6] Martin Luther King, Jr. citaat beschikbaar op www.brainyquote.com
[7] Ian Clayton meer informatie en publicaties beschikbaar op www.sonofthunder.org.nz

# DE GEMEENSCHAP VAN ENGELEN

*Je bent genaderd tot duizenden van engelen die in vreugde samenkomen*

Hebreeën 12:22 EXB

In het vorige hoofdstuk ging het over 'leven vanuit Sion'. Ik hoop dat je ervan genoten hebt!

Ik vind het heerlijk om te schrijven en na te denken over de hemel. Wij hebben zo'n zoet smakend Evangelie! Een Evangelie dat zegt dat wij erbij horen en onschuldig zijn. Wij zijn geaccepteerd en geliefd. Wij zijn Thuis!

> *Maar nu, wauw! Alles is veranderd; jullie hebben ontdekt dat je geplaatst bent in Christus. Wat eens zo ver weg leek is nu zo dichtbij; zijn bloed onthuld jullie geredde onschuld en ware genesis.*
>
> Efeze 2:13 MIR

Wij gaan in dit hoofdstuk verder met ons te verheugen en te verblijden over wat Christus allemaal volbracht heeft.

Ik ga het hebben over heilige engelen, onze grote vriendenkring in de nieuwe schepping. Een mysterieuze, prachtige familie die ons omringt en actief betrokken is bij alles wat wij doen.

Dit is onze *'Kainos'* verborgen gemeenschap. Een heilige vriendenkring die heel veel van ons houdt en het beste met ons voor heeft. Een familie die ons toejuicht en eindeloos aanmoedigt.

Klinkt goed, vind je ook niet?!

Zullen wij nog een keertje beginnen met het Evangelie: de 'Blijde Boodschap'?

Paulus zei het al, en ik herhaal het nog eens: het Evangelie haalt ons uit onze oude menselijke staat. Het plaatst ons in een hele nieuwe, eeuwige wereld. Wij leven in een *'Bovenmenselijke'* realiteit.

> *Als iemand in Christus is...is hij in een nieuwe wereld.*
>
> 2 Korinthe 5:17 BE

Religie vertraagt en creëert afstand, maar Paulus zegt dat het Evangelie al geactiveerd is! Het nieuwe is al begonnen. Wij zijn schoon, veranderd en gereed voor de toekomst; NU, vandaag. Het is niet de dood die ons daarvoor kwalificeert. Jezus heeft alles wat nodig was al volbracht aan het kruis. Hij scheurde het voorhangsel van top tot teen. Nu reeds hebben wij vrije toegang tot de onzichtbare werelden in het Koninkrijk. Dit is het Evangelie!

Nu is de dag van de redding! De hemel is letterlijk binnen handbereik.

> *...want, zie, het koninkrijk van God is binnen in u.*
> *Lukas 17:21 HSV*

Dit zou ons niet moeten verrassen! De hemel voelt zich thuis in ons.

Alles wat wij moeten doen is ons hart openen voor Zijn aanwezigheid. De onzichtbare dimensies rondom ons zullen dan ook opengaan. Wij worden ons bewust van hogere dimensies en de andere hemelse wezens. In Christus worden wij ons bewust van engelen!

We realiseren ons beetje bij beetje, dat deze hemelse wezens intiem bij ons betrokken zijn. Zij zijn het die voor ons zorgen. In feite zijn ze overal, alleen zagen wij dat eerder niet.

> *Hij zal Zijn engelen (speciaal) opdracht geven om jou te vergezellen en te verdedigen en te bewaren op al je wegen (van gehoorzaamheid en dienstbaarheid).*
> *Psalmen 91:11 AMPC*

Ze waken over ieder van ons. Ze geven ook echt om ons en hoe het met ons gaat. Ze volgen ons en verdedigen ons tegen het kwaad. In het geheim helpen ze ons en sturen onze beslissingen. Is dat niet verbazingwekkend? Ik vind dat super! Wij zijn omringd!

Nu wordt het dus opwindend. In de afgelopen generatie waren wij ons meestal niet bewust van engelen, zelfs als ze vlak voor ons stonden. De Bijbel zegt dat mensen engelen te eten hebben gehad, zonder dat ze dat wisten.

> *...want hierdoor hebben sommigen zonder het te weten engelen onderdak geboden.*
> *Hebreeën 13:2 HSV*

Goed nieuws! De onwetendheid is aan het verdwijnen. Wij worden wakker en het vermogen om dingen met ons hart te herkennen (cardio-gnosis) wordt geactiveerd. Wij zijn niet meer afhankelijk van onze fysieke zintuigen, om engelen te kunnen herkennen. Als wij volwassen worden als zonen, verdwijnt de dunne, ingebeelde scheiding tussen hen en ons, steeds meer.

Volgens de profeet Bobby Connor, wordt het onzichtbare geestelijke membraan steeds dunner.[1]

*Terwijl ik laatst in de bediening stond, zag ik voor mij iets wat leek op een heel dun membraan. Ik vroeg de Heer: 'Heer, wat is dit?' en de Heer antwoordde, 'Het is de sluier tussen het aardse rijk en het geestelijke rijk, en die is dunner dan ooit!'*

Vroeger wisten de heiligen nog hoe ze engelen konden zien. Maar ons is grote genade bewezen, zodat wij in staat zijn te kunnen leven zoals zij leefden. Niet omdat wij dat verdienen, maar vanwege Gods liefde en plan voor de aarde. En omdat het hoog tijd is dat wij wakker worden *(Romeinen 13:11)*.

Dat klinkt misschien vreemd voor sommige moderne christenen, omdat vele van hen negatief reageren en bang zijn om met engelen om te gaan. Maar laten wij niet vergeten dat het ons doel is om Bijbels bezig te zijn en Jezus te volgen. Dus opnieuw, laten wij er dieper induiken en nogmaals naar de blauwdruk kijken.

*En Hij (Jezus) bleef 40 dagen in de wildernis (woestijn), terwijl Hij (de hele tijd) door de satan werd verzocht; en Hij was bij de wilde dieren, en de engelen bedienden Hem (voortdurend).*

Markus 1:13 AMPC

In dit vers staat dat de engelen Jezus constant hielpen. Christus vernederde zich, terwijl Hij God was en toch ontving Hij hen. Hij verwelkomde hun hulp. Indien de Eeuwige de engelen respecteert en waardeert, dan zouden wij Zijn voorbeeld moeten volgen. Wij zouden de bediening door engelen in ons leven juist moeten verwachten.

Ik besef dat ons denkraam flink wordt losgewrikt, maar Jezus is hier zelfs nog radicaler over. Kijk eens naar het volgende vers. Jezus beschrijft Zijn leven als toegangspoort voor de engelen om aan te haken bij het aardse rijk. Luister goed naar de mystieke woorden die Jezus tegen Nathanaël spreekt.

*Toen zei Hij tegen hem: 'Ja inderdaad! Ik zeg je dat je de hemel geopend zult zien en de engelen van God, die op de Zoon des mensen omhoog en naar beneden gaan!'*

Johannes 1:51 CJB

Dit is een denkraam-versplinterend radicaal vers! Jezus, ons ware Voorbeeld, was een verzamelplaats van engelen! Het wemelde van de activiteiten van engelen, net zoals de Jakobsladder in Genesis 28:12. Verbazingwekkend!

Kun je je voorstellen dat onzichtbare engelen om Hem heen zwermden terwijl Hij de zieken genas? Terwijl Hij wonderen deed en de storm stilde? Dat had ik wel willen zien!

Wij moeten anders over engelen gaan denken. Wij hebben ze al veel te lang genegeerd, terwijl ze een wezenlijk deel zijn van ons levensverhaal. Ze zijn onderdeel van onze gemeenschap.

Hoe belangrijk denk je dat ze zijn? Kijk nog eens naar dit ontroerende verhaal uit het leven van Jezus. Hij is in de Hof van Gethsemané. Op misschien wel het donkerste moment in Zijn leven op aarde, kwam een speciaal wezen Hem helpen:

> *Hij ging op een steenworp afstand van hen, knielde neer en bad: 'Vader, neem deze beker van Mij weg. Maar alstublieft, niet wat Ik wil. Wat wilt U?' Onmiddellijk was er een engel uit de hemel naast Hem, die Hem kracht gaf. Hij bad des te harder. Zweet, uit Hem geperst als druppels bloed, droop van Zijn gezicht.*
>
> Lukas 22:41-44 MSG

Toen de discipelen er niet voor Hem waren, waren de engelen er wel. Zijn vrienden lagen te slapen, maar de engel was wakker en klaar om te helpen. Dit verhaal raakt mij echt.

Heb je je wel eens alleen gevoeld? Ik denk dat wij allemaal dat gevoel wel kennen.

Er zijn keren geweest dat ik mij gekwetst en geïsoleerd voelde, en dat engelen naar ons huis kwamen. Ze omringden me, raakten zelfs mijn lichaam aan en gaven mij weer energie.

Drie keer ben ik wakker geworden omdat een engel in mijn gezicht blies! Ik heb ze horen lachen, zingen en zelfs praten. Ik heb ze zien glinsteren in de kamer en bewegen als ballen van licht. Ik heb ze als wolkkolommen stil zien staan. Ze zijn echt fantastisch!

Dit is geen nieuw onderwijs. De heiligen uit het verleden waren zeer bekend met engelen. Velen van hen kenden hun beschermengelen bij naam. Sommigen, zoals Jozef van Copertino, hielden de deur voor hen open tot ze binnen waren. Padre Pio praatte uren met zijn engelen. Gemma Galgani kreeg hulp van engelen om in bed te komen, als ze daar te zwak voor was.

Anderen, zoals Columba, ontmoetten groepen engelen persoonlijk. Ze hielden strategische vergaderingen over regeringszaken over Ierland en Groot-Brittannië. Eén van Columba's monniken deed daar verslag van.[2]

*Het is vreemd om te vertellen – maar kijk! – ineens was er een wonderbaarlijke verschijning. Vanaf zijn positie op de nabijgelegen heuvel, kon de man het schouwspel met zijn eigen natuurlijke ogen zien...*
*Want de heilige engelen, de burgers van het hemelse Koninkrijk, vlogen met verbazingwekkende snelheid naar beneden. Gekleed in witte gewaden verzamelden zij zich rondom de heilige man, die aan het bidden was.*
*Nadat ze een tijdje met St. Columba hadden gepraat ging de hemelse menigte, alsof ze voelden dat ze bespied werden, snel weer terug naar de hoogte van de hemel.*

De geschiedenisboeken puilen uit van vergelijkbare verhalen. Waarom zijn wij ons verleden zo snel vergeten? Hoe komt het dat religiositeit naar binnengeslopen is en de kracht van het Evangelie heeft weggenomen?

Het wordt tijd dat christenen zich herinneren dat engelen essentieel zijn. Wij hebben hen waarschijnlijk meer nodig dan enige voorgaande generatie. Wij zitten in een wereldwijde crisis. Wij hebben hemelse helpers nodig!

Randy Clark is een hedendaagse zendeling die de waarde van engelen begrijpt. Randy kwam laatst naar Cardiff, waar ik woon, om te spreken. Ik heb hem persoonlijk horen spreken over het belang van engelen in wonderen en oogst. Wat hij zei was verhelderend![3]

*Ik wil de gedachte bij jullie neerleggen dat wij op de Pinksterdag meer kregen dan de Doop in de Heilige Geest. Wij kregen meer dan een nieuwe relatie met de Heilige Geest. Wij werden deel van een nieuw verbond, een erkenning dat God zijn engelen voor ons heeft vrijgezet. Ik geloof dat er door het kruis een nieuwe samenwerking tussen de engelen van God, de Heilige Geest en Gods kinderen is ontstaan.*

Ik ben het met Randy eens. Het boek Handelingen laat een dynamische interactie zien tussen de engelen en de eerste gemeente. Eén van mijn favoriete verhalen is de ontsnapping van Petrus uit de gevangenis.

*Toen Herodes hem voor zou leiden, sliep Petrus die nacht tussen twee soldaten, geboeid met twee ketenen; en de bewaarders voor de deur bewaakten de gevangenis. En zie, er stond een engel van de Heere en er scheen een licht in het vertrek, en door Petrus in de zij te porren, wekte hij hem en zei: Sta snel op. En zijn ketenen vielen van zijn handen af.*
*En de engel zei tegen hem: Doe uw gordel om en bind uw sandalen aan. En Hij deed dat. En hij zei tegen hem: Sla uw bovenkleed om en volg mij. En hij ging naar buiten en volgde hem, en hij wist niet dat het werkelijkheid was wat er door de engel plaatsvond, maar hij dacht dat hij een visioen zag.*

> *En toen zij langs de eerste en tweede wacht gegaan waren, kwamen zij bij de ijzeren poort die naar de stad leidt; die ging vanzelf voor hen open. En toen zij naar buiten gegaan waren, liepen zijn één straat verder, en meteen ging de engel van hem weg.*
>
> Handelingen 12:6-10 HSV

Wat daarna gebeurde is nogal vreemd en er wordt vaak overheen gelezen. Petrus kwam veilig aan bij de schuilplaats van de gemeente. Hij klopte op de poort:

> *En toen zij (het dienstmeisje) de stem van Petrus herkende, deed zij van blijdschap de poort niet open, maar rende naar binnen en berichtte dat Petrus voor de deur stond. En zij zeiden tegen haar: U bent buiten zinnen! Maar zij hield vol dat het zo was. En zij zeiden: Het is zijn engel. Maar Petrus bleef kloppen; en toen zij opengedaan hadden, zagen zij hem en waren buiten zichzelf.*
>
> Handelingen 12:14-16 HSV

Ik vind dat fantastisch! Ze waren helemaal van hun stuk omdat het Petrus zelf was en niet zijn engel!

Volgens John Paul Jackson kan dit alleen maar betekenen dat de engelen vaak aanwezig waren:[4]

> *In de eerste gemeente moet dit een vrij normale zaak zijn geweest. Deze conclusie kunnen wij uit het verhaal trekken. Als Petrus wordt bevrijd uit de gevangenis en daarna het dienstmeisje de deur opendoet... was de eerste reactie van de aanwezigen, dat het eerder een verschijning van een engel was, dan dat Petrus zelf uit de gevangenis was.*
> *Je weet dat het normaal was omdat er iets níet gebeurde. Wat was dat dan? Stel, je zit 's avonds aan tafel. Je zit te eten. Iemand gaat de deur opendoen en zegt dat het de engel van Petrus is.*
> *Wat doe jij dan? Ga je door met eten? Ik niet! Ik sta op en ga naar die engel kijken. Zij doen dat niet. Ze gingen gewoon door met eten. Dat vertelt ons dat engelverschijningen vrij normaal moeten zijn geweest.*
> *Nu is dat nog niet zo gewoon, maar ik heb zo'n gevoel dat het veel normaler gaat worden.*

Is dat niet verbazingwekkend? Eigenlijk moet dit verhaal ons iedere dag uitdagen. Wanneer hebben wij voor het laatst op die manier gedacht?! Wanneer was het voor het laatst, dat de engelen onze samenkomsten bezochten in zichtbare vorm en wij dat als normaal beschouwden?

Dit gaat veranderen! De Geest is in onze generatie bezig om de geheimzinnigheid van de aanwezigheid van engelen weg te nemen. Hij bereidt onze harten voor om op intensieve wijze met hen samen te werken. Wij staan op een keerpunt, een moment van diepgaande verandering. Wij passeren de grenzen van de horizon en komen in onze bestemming.

Er zijn aanwijzingen in het verleden voor wat komen gaat. Eén daarvan is het getuigenis van de Amerikaanse voorganger Roland Buck in de jaren zestig. Hij had regelmatig een op een gesprekken met Gabriël en andere engelen.

Dit verhaal beschrijft een van zijn eerste ontmoetingen:[5]

> *Vlak nadat ik naar bed was gegaan, ontdekte ik dat er een blauwachtig schijnsel van de trap kwam. Ik wist dat het te zwak was om het licht van de overloop te zijn, dus ik dacht dat ik misschien beneden een van de lichten aan had laten staan. Ik stond op en ging naar beneden om het licht uit te doen. Maar toen ik halverwege de trap was ging het licht aan!*
> *Vlak voor mij stonden de twee grootste mannen die ik ooit in mijn leven had gezien! Ik schrok mij wild, maar ik was niet echt bang. Omdat ze altijd in het felle licht van Gods aanwezigheid zijn, straalde er zo'n goddelijke kracht van hen af, dat ik niet kon blijven staan! Mijn knieën knikten en ik zakte bijna door mijn benen! Eén van die gigantische wezens strekte zijn arm uit, greep mij vast en mijn kracht kwam terug!*
> *Maar hij vertelde mij dat hij de engel Gabriël was! Ik stond perplex! Zou dit dezelfde Gabriël kunnen zijn waar ik over had gelezen in de Bijbel? De eerste bezoeken van de engelen hadden lang niet zo grote impact als dit bezoek. Daar stond hij, net zo duidelijk zichtbaar als een normaal mens. En hij stelde zich gewoon voor als de engel Gabriël! Ik kan onmogelijk beschrijven hoe verwonderd en onder de indruk ik was!*
> *Daarna stelde hij mij aan de tweede engel voor die Chroni heette! Chroni? Dat is een aparte naam. Daar had ik nog nooit van gehoord! Ik had er nooit bij stil gestaan dat alle engelen namen hebben en er allemaal anders uit zien. Dat blijkt dus wel zo te zijn. Ik vroeg Gabriël: 'Waarom zijn jullie hier?' Hij zei alleen dat de Heilige Geest hen gezonden had, en toen begon Gabriël mij een aantal prachtige waarheden te vertellen.*

Roland Buck heeft uren met Gabriël gepraat. Ze waren veel relaxter en gelukkiger dan je ooit gedacht had. Ze speelden zelfs met de hond!

Wij moeten nog zoveel leren over engelen. Zou je niet meer willen weten? Wij zouden zoveel van hen kunnen leren.

Ik heb in profetische visioenen gezien dat wij in onze generatie één op één met engelen gaan praten, net zoals Roland Buck dat deed. Er zullen bijeenkomsten van de Ecclesia zijn, waar iedereen hen zal zien. Dit zal dan ook het nieuwe vergaderformat van de apostolische ronde tafel zijn.

We zullen in de hemel op aarde zijn. Staande in de raad van God en zelfs Jezus en de heiligen zien. Net zoals Henoch dat deed. Dat klinkt misschien wat ver van je bed, maar dat is het niet! Het is gewoon de terugkeer van de mensheid naar het oorspronkelijke ontwerp. Wij zijn de nieuwe generatie die van aangezicht tot aangezicht met God wandelen.

Ik zou nog zoveel meer kunnen zeggen over deze bijzondere engelen. Misschien dat ik ooit nog eens een boek over ze schrijf. Ik heb wel wat bizarre verhalen. Dat lijkt mij wel wat!

Misschien krijg je honger naar deze dingen nu je dit leest, maar weet je niet waar je moet beginnen. Ik ben ook nog maar een beginneling, je bent dus niet de enige. Ik zal je vertellen hoe het bij mij werkt, misschien heb je er wat aan.

Ik begon door tegen God te zeggen: 'Ik hecht waarde aan engelen. Ik wil wandelen met engelen. Laat ze komen Heer!' Ik respecteerde ook de mensen die dit al deden. Mensen zoals Gary Oates die het inspirerende boek *'Open my eyes Lord'* schreef.[6]

Ik zei tegen de Heer: 'Ik respecteer Gary Oates. Wat hij had, wil ik ook. Ik wil dat zo graag!' Ik nam een houding van liefde, waarde en respect aan. Deze benadering trekt de hemel aan, zoveel invloed heb je. God heeft je het vermogen gegeven om te kiezen.

Ik koos ervoor met engelen te wandelen en vroeg daarna om de toestemming vanuit de hemel om ze ook te mogen ervaren. Ik zal nooit de dag vergeten dat ze voor het eerst als groep kwamen. Maar dat is een ander verhaal!

In het volgende hoofdstuk gaat wij nog wat verder door op deze transdimensionale *'Kainos'* gemeenschap. Wij gaan het hebben over een andere opwindende groep nieuwe vrienden die je hebt in Christus: 'De wolk van getuigen', dit zijn de heiligen in de hemel.

Je bent niet alleen!

---

Referenties:

[1] Bobby Connor, https://companyofburninghearts.wordpress.com/2011/10/14other-voices-bobby-connor-wisdom/ (2011)
[2] Richard Sharpe, Adomnan of Iona – Life of St. Columba. Penguin Books (1995)
[3] Randy Clark, Kingdom Foundations – a conference in Cardiff, Wales (2013)
[4] John Paul Jackson, citaat uit een live opname in Engeland. Meer informatie over John Paul Jackson beschikbaar op www.streamsministries.com.
[5] Roland H. Buck, Angels on Assignment. Whitaker House (1979)
[6] Gary Oates, Open My Eyes, Lord: A Practical Guide to Angelic Visitations and Heavenly Experiences. Open Heaven Publications (2004)

# DE WOLK VAN GETUIGEN

*Zoveel mensen die geloof in God hebben gehad omringen ons als een wolk*

*Hebreeën 12:1 NLV*

Elke reis begint met een eerste kleine stap. Haast je niet. Het is belangrijk om van de reis te genieten. Geniet van het groeiproces naar zoonschap. Het is echt zó mooi!

Laten wij zonder angst en vol van geloof ons avontuur voortzetten. Ik wil het met je hebben over de heiligen in de hemel, de wolk van getuigen. Ik ben opgegroeid in evangelische kringen, misschien geldt dat ook voor jou. Je hebt dan waarschijnlijk geleerd dat de heiligen altijd op vakantie zijn. Ze aanbidden en genieten van hun grote huizen en van de parken in de hemel!

Dit is gedeeltelijk waar. Ze hebben het fantastisch daar! Zoals C.S. Lewis al terecht opmerkte:[1]

*Plezier maken is in de hemel een serieuze aangelegenheid!*

De hemel is een hele vrolijke plaats! God zit in de hemel en lacht *(Psalmen 2:4)*. De engelen houden feestjes *(Lukas 12:10)*. Ze komen allemaal samen in een grote feestelijke bijeenkomst *(Hebreeën 12:22)*. Het is nogal wild allemaal!

Toch zijn er in de hemel velen die verantwoordelijkheden hebben. Sommigen van hen zitten zelfs op tronen. Zij regeren nu met Christus.

*Hem die overwint (de victorie behaalt), zal Ik geven om naast Mij op Mijn troon te zitten, omdat Ikzelf overwonnen heb (de victorie heb behaald) en naast Mijn Vader op de troon ben gaan zitten.*

*Openbaringen 3:21 AMPC*

Rick Joyner, van MorningStar Ministries, werd opgenomen in de hemel en heeft dit zelf gezien. In zijn baanbrekende boek *'The Final Quest'* schrijft hij:[2]

*'Ik naderde de troon van het oordeel van Christus. Diegenen met de hoogste rang zaten op tronen, deze maken onderdeel uit van Zijn troon. Maar zelfs de minste van die tronen was véél glorieuzer dan welke aardse troon ook. Sommigen van hen beheerden de zaken van de hemel. Anderen regeerden over de natuurlijke schepping, zoals sterrenstelsels en melkwegstelsels.'*

Jezus zelf is de blauwdruk hiervoor, juist nu Hij in de hemel is. Hij laat zien hoe wij als volwassen zonen zouden moeten leven.

> *Jezus Christus is de getrouwe en betrouwbare getuige, de eerstgeborene uit de doden (als eerste tot leven gewekt) en de prins (heerser) over de koningen van de aarde.*
>
> *Openbaringen 1:5 AMPC*

Jezus is de ultieme getuige. Hij heeft het hele parcours gelopen. Hij heeft het werk van de Vader afgemaakt en staat voor altijd in de eeuwige ordening van Melchizedek *(Hebreeën 7:17).*

Laat mij je nu een vraag stellen. Ik wil dat je hierover nadenkt, want het is belangrijk. Denk je dat Jezus in de hemel nu alleen maar aan het genieten en aan het feestvieren is?

Het voor de hand liggende antwoord is nee! De Bijbel zegt dat Hij:

| | |
|---|---|
| *voor ons pleit* | Hebreeën 7:25 |
| *regeert* | 1 Korinthe 15:25 |
| *openbaring geeft* | Openbaringen 1:11 |
| *een plaats voor ons voorbereidt* | Johannes 14:1 |
| *leidinggeeft* | Kolossenzen 1:18 |
| *en weerstand biedt aan de vijand* | Openbaring 12:10 |

Hij leeft en is heel druk bezig! Zo gaat het dus bij Jezus en wij zijn geroepen datzelfde voorbeeld te volgen. Toch lijkt de kerk te denken dat de heiligen in de hemel alleen maar spelletjes spelen en picknicken. Dat is toch raar! Wij hebben het vreemde idee dat de hemel een soort epische 65+ vereniging is.

Het tegenovergestelde is waar. De heiligen zijn volledig betrokken bij het bestuur van de hemel. Zij volbrengen de taken die in de 'Boeken van bestemming' beschreven zijn *(Psalmen 139:16).* Zij zijn de Ecclesia in de hemel. Ze werken samen met de Ecclesia op de aarde. Samen, als één familie.

> *Om deze reden buig ik mijn knieën voor de Vader van onze Heere Jezus Christus, naar wie elk geslacht in de hemelen en op de aarde genoemd wordt,*
>
> *Efeze 3:14 HSV*

> *...om in de bedeling van de volheid van de tijden alles weer in Christus bijeen te brengen, zowel wat in de hemel als wat op de aarde is.*
>
> *Efeze 1:10 HSV*

Ze zijn niet met pensioen. Ze zijn overgezet naar een andere dimensie met een ander soort lichaam. Ze zijn springlevend en druk bezig in de kosmos, in nauwe samenwerking met ons. In eenheid met God zijn ze dichtbij en rondom ons en moedigen ons aan.

Hebreeën 12:1 verwoordt het zo:

| | |
|---|---|
| *Een grote menigte van getuigen is om ons heen!* | CEV |
| *Enorme menigte van mannen van geloof bekijken ons* | TLB |
| *Wij zijn omringd* | VOI |
| *Omgeven ons* | RHM |
| *Aan alle kanten* | TCNT |
| *Uitgestrekte menigte van toeschouwers* | WMS) |

Uit deze verzen blijkt dat ze erg dichtbij zijn. Wij zijn in hún atmosfeer. Net zo dichtbij als wanneer je je hand tegen je gezicht houdt. Alle afstand is weggenomen aan het kruis. Wij zijn één!

De Amerikaanse schrijver Roberts Liardon zag de getuigen toen hij nog klein was. Hij werd door Jezus vanuit zijn slaapkamer meegenomen naar de hemel. In zijn boek 'We saw Heaven' schrijft hij het volgende daarover:[3]

*We passeerden iets wat ik nooit in hemel verwacht had te zien. Ik vond het op dat moment het grappigste wat ik ooit had gezien. Later concludeerde ik echter dat dit, sinds ik Jezus ken, het meest bemoedigende is wat ik ooit heb gezien...Ik zag namelijk de grote wolk van getuigen.*
*Deze heiligen weten heel goed waar de kerk zich mee bezighoudt. Als ik bijvoorbeeld aan het preken ben, staan ze mij toe te juichen: 'Doe dit... Doe dat... ga ervoor!' Als het tijd is om te bidden, vallen ze allemaal op hun knieën en bidden mee. Vervolgens staan ze op en beginnen zij mij weer aan te moedigen. Het is net alsof wij in een groot spel zitten. Het is echter geen gezelschapsspelletje, het is menens! En wij hebben fans die ons aanmoedigen. Ze staan 100% achter ons en roepen: 'Gaan! Neem ze te pakken! Zo gaat ie goed!'*
*De Bijbel zegt dat zij die in de hemel en die op de aarde zijn, een grote familie zijn! Dit is wat wij moeten gaan begrijpen. Onze geest is in staat om op te pikken wat onze familie in de hemel zegt. Als wij de wolk van getuigen zouden horen, zouden wij op elk gebied succesvol kunnen zijn.*

Dit is wat Jezus wil dat wij nu gaan zien. Het mogen dan donkere tijden zijn, maar wij zijn omringd door bondgenoten. In deze *'Kainos'* tijd lost de illusie van het membraan tussen hen en ons op.

Jezus leven op aarde toont aan hoe deze dynamische relatie eruitziet. Op de berg verschenen de grote helden Mozes en Elia. Zij kwamen om Jezus aan te moedigen.

> *Plotseling daar op de top van de berg waren Mozes en Elia, die iconen van het geloof, geliefd door God. Zij spraken met Jezus.*
>
> Mattheüs 17:3 VOI

> *Ze waren diep in gesprek. Ik vind dat fantastisch!*
>
> Mattheüs 17:3 MSG

Zou jij dat niet willen? Ik heb de heiligen vaak ontmoet. Iedere ontmoeting veranderde mijn leven.

Ik heb zelfs ontdekt dat ze met ons verbonden zijn op een niveau, dat wij nog niet eens begrijpen. De waarheid is dat wij de hele Kerk nodig hebben. Wij moeten samenwerken als één mystiek lichaam. Wij kunnen deze kosmische opdracht niet alleen realiseren.

> *En deze allen hebben, hoewel zij door het geloof een goed getuigenis van God gekregen hebben, de vervulling van de belofte niet verkregen, daar God met het oog op ons iets beters voorzien had, opdat zij zonder ons niet tot volmaaktheid zouden komen.*
>
> Hebreeën 11:39,40 HSV

Alleen samen zullen wij de aarde getransformeerd zien worden. Dit is Gods idee.

Ik ben ervan overtuigd dat het verschijnen van de heiligen toe zal nemen. Er staan aanwijzingen in Mattheüs van wat er gaat komen. Het is een verbluffend verhaal dat bijna niet te geloven is!

> *Jezus riep nogmaals met luide stem en gaf de geest. En zie, het voorhangsel van de tempel scheurde in tweeën, van boven tot beneden; de aarde beefde en de rotsen scheurden; ook werden de graven geopend en veel lichamen van heiligen die ontslapen waren, werden opgewekt; en na Zijn opwekking gingen zij uit de graven, kwamen in de heilige stad en zijn aan velen verschenen.*
>
> Mattheüs 27:50-53 HSV

Heb je dat gelezen? De heiligen kwamen in de heilige stad! Ze liepen werkelijk door de straten met nieuwe lichamen. Indrukwekkend toch?! Zo één zijn wij geworden aan het kruis. Dat is de levenskracht geopenbaard door het Evangelie: de blijde boodschap.

Zanger/songwriter Godfrey Birtill uit het Verenigd Koninkrijk zegt:[4]

*Tweeduizend jaar geleden bloedden wij in één. Elke afstand is in Christus afgeschaft en de scheiding is een illusie, een leugen.*

Ik hou van de volgende definitie van Kerk. Deze wordt door katholieken en evangelische christenen onderschreven:[5]

*De Kerk is het volk van God, het lichaam en de bruid van Christus en de tempel van de Heilige Geest. De ene, universele Kerk overbrugt en verbindt nationaliteiten en culturen. Zij voegt denominaties en etniciteiten tot één familie, het huisgezin van geloof. In de breedste zin omvat de kerk de verlosten van alle eeuwen. Zij is het ene lichaam van Christus, dat zich uitstrekt over zowel tijd als ruimte.*

Na de opstanding zijn de heiligen door de eeuwen heen aan vele christenen verschenen. Er zijn verschijningen geweest op de aarde en in bezoeken aan de hemel. Zo vertelt handelingen een grappig verhaal over twee mannen (in witte kleding, dat zegt genoeg in de Bijbel). Kijk maar eens:

*Terwijl Hij (Jezus) Zijn instructies beëindigde, begon Hij voor hun ogen op te stijgen van de grond, totdat de wolken hun het zicht op Hem benamen. Terwijl zij hun best deden nog een laatste glimp van Zijn hemelvaart op te vangen, realiseerden de (apostelen) van de Heer zich, dat er twee mannen in witte gewaden tussen hen in stonden.*
*De mannen zeiden: Jullie Galileeërs, waarom staan jullie naar de lucht te staren? Deze Jezus die van jullie weggaat en opstijgt naar de hemel zal terugkomen op dezelfde manier dat jullie Hem weg zien gaan.*
*Handelingen 1:1-9 VOI*

Hilarisch! Ik vind dat verhaal heel lachwekkend! Twee heiligen kregen een missie op aarde (Bill Johnson noemt dat landverlof) om hen te vragen waarom ze omhoogkeken?! Was dat niet duidelijk dan? Ze hadden ogen op steeltjes omdat Jezus voor hun neus opsteeg en verdween! Het is duidelijk dat komedie Gods idee was! Je moet wel tegen een geintje kunnen als je bij Hem bent. Hij is een vrolijke God *(1 Timotheüs 1:11)*!

Na de tijd van Handelingen zijn de heiligen door de eeuwen heen regelmatig op aarde verschenen. De geschiedenisboeken puilen uit van verhalen waarin ze onderwijzen, troosten en soms zelf helpen. Vaak verschijnen ze als iemand sterft. Ze komen om respect te betuigen voor hun leven en begeleiden hen naar de hemel. Ik heb helaas maar ruimte voor één van de vele verhalen, dus vertel ik het verhaal van mijn favoriet.

Het is een verhaal uit het leven van Jozef van Copertino.[6] Op een nacht was Jozef aan het bidden in de kerk. Een demonisch wezen kwam binnen en blies de kaarsen uit om Jozef te intimideren. Dit is wat er gebeurde:

> *De helse (demonische) geesten behandelden Jozef als hun vijand. Op een nacht stond hij voor het altaar van St. Franciscus in de Basilica in Assisi. De deur ging met veel geweld open en er kwam een man op Jozef af. Het klonk alsof zijn voeten van ijzer waren, zoveel herrie maakte hij. De heilige bekeek hem goed. Terwijl hij naderde gingen de lampen één voor één uit, tot hij in complete duisternis naast Jozef stond.*

Moet je je voorstellen! Je staat daar in het duister met dat kwaadaardige wezen vlak voor je. Heel griezelig!

> *Vervolgens viel de duivel, want die was het, Jozef blind van woede aan. Hij gooide Jozef op de grond en probeerde hem te wurgen. Maar Jozef riep St. Franciscus aan en zag hem opstijgen uit zijn graf. Met een kleine kaars stak hij alle lampen weer aan. Bij het schijnsel daarvan was de boze ineens verdwenen. Vanwege deze gebeurtenis gaf Jozef aan St. Franciscus de naam 'Lampaansteker van de kerk'.*

Is dat niet verbazingwekkend? Ik geloof het. St. Franciscus heeft eens gezegd:[7]

> *Al de duisternis in de wereld kan het licht van één kaars niet doven.*

Hij had gelijk en hij zag de vervulling hiervan zelfs na zijn dood. De kaars brandde nog steeds.

Indien je de toekomst kunt zien, kun je er deel van uitmaken. De heiligen zagen onze dagen door geloof. Deze wolk van getuigen heeft ons in hun hart gesloten. Ze houden van ons als grootouders. De Geest leidt hen om ons te bemoedigen. Ze zijn van hart tot hart betrokken bij onze levens, want ze zijn niet compleet zonder ons *(Hebreeën 11:39,40)*. Ze willen dat wij, samen met hen, succesvol zijn.

Zou je niet meer willen ervaren van deze gemeenschap in jouw leven? Ik ben overtuigd van wel. Wij hoeven ons nooit alleen te voelen.

Paul Keith Davis (White Dove Ministries) ontdekte de link tussen het respecteren van de heiligen en hun verschijningen[8]:

> *Ik ben ervan overtuigd dat datgene waar je over praat, komt. Als je praat over engelen komen ze. Als je praat over de geloofshelden komen ze. Als je praat over wat zij gedaan hebben en de mantels die ze droegen.*

*Als je hun worsteling voor deze generatie erkent, dan komt de kamer in wat jij bespreekt. Wij worden in de gaten gehouden. Jij wordt in de gaten gehouden.*

Dit is hoe het ook voor mij begonnen is. Ik las boeken over de levens van de heiligen. Ik dacht na over hoe de Heer door hen heen werkte. Hoe zij baden en aanhaakten bij de hemel. Uiteindelijk stelde de Heer mij aan Zijn goede vrienden voor.

Een van deze geweldige ontmoetingen was in September 2015. Nogal onverwachts, kwam de Franse mystica Madame Guyon in de Geest bij ons thuis. Ze knielde nederig bij mij neer terwijl ze stilletjes bad. De aanwezigheid van de Heer wervelde door het hele huis. Mijn vrouw Rachel kwam naar beneden om te zien wat er aan de hand was. Het was kostbaar en veranderde mijn leven.

Wil jij zelf ook ervaringen zoals deze? Leef dan met een open hart.

Er is iets aan een houding van respect, eer en verlangen wat de substantie van de hemel aantrekt. Het is heel simpel. Leven vloeit door eer en respect.

Feit is dat je niet alleen bent. Je zult nooit alleen zijn.

Elke illusie van afstand is in Jezus volledig afgeschaft.

Wij zijn Eén.

---

Referenties:

[1] C.S. Lewis, citaat beschikbaar op www.goodreads.com
[2] Rick Joyner, The Final Quest. Morningstar Publications (1996)
[3] Roberts Liardon, We Saw Heaven. Destiny Image (2000)
[4] Godfrey Birtill, Two Thousand Years Ago. 2012 copyright Thank you Music UK.
[5] James Innell Packer and Thomas C. Oden, One Faith The Evangelical Consensus. Inter-Varsity Press (2004
[6] Rev. Fr. Angelo Pastrovicchi, St. Joseph of Copertino. TAN Books (1980)
[7] Saint Francis of Assisi, citaat beschikbaar op www.goodreads.com
[8] Paul Keith Davis, citaat uit live onderwijs tijdens een conferentie. Meer onderwijs van Paul Keith Davis is beschikbaar op www.whitedoveministries.org.

# GEMAAKT OM TELEPATHISCH TE ZIJN

*Jezus echter kende hun gedachten*

*Mattheus 12:25 HSV*

In de volgende twee hoofdstukken bouwen wij verder aan onze *'Kainos'* wereld. Wij kijken naar een nieuwe manier van communiceren in de Geest. Een vaardigheid van onschatbare waarde, die beter gaat werken naarmate wij in Christus volwassen worden. De media noemt deze vaardigheid 'telepathie'. Wetenschappers noemen het soms 'mentale radio'.

Nu niet in de stress schieten! Ik weet hoe uitdagend en controversieel dit klinkt. Lees nog even verder, je zult zien dat het volledig Bijbels is. Sterker nog, Jezus gebruikte het elke dag.

Je zult ook enthousiast zijn over de mogelijkheden die voor jou als *'Kainos'* wezen klaarliggen. Het is de bedoeling dat je steeds telepathischer wordt, net als Jezus. In de nieuwe scheppingsorde van het leven is dit vanzelfsprekend. Het is de toekomst.

Dictionary.com definieert telepathie als volgt:[1]

> *De psychologische communicatie tussen mensen van gedachten, gevoelens, verlangens, etc., met behulp van mechanismen die niet verklaard kunnen worden door de huidige wetenschap.*

Van Dale zegt:

> *Bovennatuurlijke overbrenging (zonder zintuiglijk waarneembare middelen) van indrukken, gewaarwording en voorstelling bij van elkaar verwijderde personen, directe waarneming van het voorstellingsbeeld dat in het bewustzijn van iemand anders aanwezig is.*

Het overbrengen van gedachten en gevoelens zonder waarneembare middelen.

Het woord *'tele'* betekent simpelweg over een afstand (zoals tele-visie). *'Pathie'* betekent waarneming of empathie. Katholieke theologen hebben daar een woord voor. Zij noemen het *'cardio-gnosis'* wat betekent 'kennis van hart tot hart'. Is dat niet prachtig?

In 1930 schreef ene Upton Sinclair een beroemd geworden boek over deze zogeheten 'mentale radio'.[2] Hij deed de suggestie dat telepathie een wetenschappelijk fenomeen is. Upton baseerde dat op een reeks interessante experimenten met zijn vrouw en goede vrienden. Albert Einstein onderschreef dit ongewone baanbrekende boek. Hij zei dat het idee het onderzoeken waard was:

> *Mentale radio dient serieus overdacht te worden, niet alleen door leken maar ook door professionele psychologen.*

Sinclair en Einstein begrepen niet precies wat er gebeurde, maar ze waren het erover eens dat er wel degelijk iets gebeurde. Iets wat de wetenschap niet kan verklaren...op dit moment!

In 1924 was een andere wetenschapper, Hans Berge, ook getuige van telepathie. Hij kreeg een bijna fataal ongeluk met een paard. Op de één of andere manier voelde zijn zuster dat het gebeurde[3].

> *Hans Berger, de Duitser die in 1924 het eerste menselijke elektro-encefalogram (EEG) vastlegde...viel tijdens het paardrijden. Hij werd bijna overreden door een span paarden dat op snelheid aankwam over de weg, op centimeters van zijn hoofd. Zijn zuster, op vele kilometers afstand, ervoer het gevaar. Zij stond erop dat haar vader een telegram stuurde, om uit te vinden wat er aan de hand was. Zij had nog nooit eerder een telegram verstuurd. Door deze ervaring werd Burger zo nieuwsgierig dat hij zijn studie wiskunde en astronomie inruilde voor medicijnen. Hij hoopte de bron van die psychische energie te ontdekken.*

Heb je zelf wel eens zoiets meegemaakt? Dat je wist dat er iets mis was met een vriend? Je weet niet hoe, maar je wist het.

Ik herinner mij dat ik jaren geleden eens heel sterk het gevoel had dat ik mijn vriendin Mary moest bellen. Er was iets ernstigs aan de hand, ik belde haar daarom meteen. Het bleek dat er die dag een hele nare situatie op haar werk was ontstaan. Ze woonde alleen en het telefoontje was perfect getimed.

Misschien vind je het vreemd, maar wij hebben dit allemaal. Wij denken aan een vriend, en dan ontvangen wij ineens een facebook berichtje of een belletje van ze. Hoe kan dat?

We zingen een liedje en iemand anders zegt: 'dat heb ik al de hele tijd in m'n hoofd!' Wij ontmoeten iemand voor de eerste keer en iets zit je niet lekker. Hoe kun jij weten dat diegene niet te vertrouwen is?

Of is het je wel eens opgevallen dat twee mensen ineens hetzelfde idee hebben? Hoe vaak komt het niet voor dat er twee films uitkomen of twee technologische innovaties die bijna identiek zijn? Dit is zelfs zo gewoon dat de wetenschap het een naam heeft gegeven. Ze noemen het 'multiples effect' ook wel het meervoudig effect genoemd.

*Er is een fascinerend fenomeen dat wetenschappelijk bekend staat als het 'multiples effect'. Als meerdere mensen die geografisch van elkaar zijn geïsoleerd, op exact hetzelfde moment dezelfde ontdekking doen, spreekt men van het 'multiples effect'. Mensen die absoluut geen communicatie met elkaar hebben gehad, doen tegelijkertijd dezelfde ontdekkingen en innovaties. Vaak hebben ze niet eens in de gaten dat hun idee net gepubliceerd is door iemand die aan hetzelfde probleem werkte.[4]*

Het bewijs groeit dat mensen contact kunnen maken buiten het huidige gedachtegoed van de natuurkunde. In 2014 kwamen wetenschappers met het nieuws dat ze op succesvolle wijze een telepathisch bericht hadden gestuurd.[5]

*Wetenschappers hebben een telepathisch bericht gestuurd tussen twee personen die ongeveer 6500 km van elkaar verwijderd waren. Volgens hen is dit het eerste succesvolle telepathie experiment. Iemand in India en iemand in Parijs kregen een draadloze koptelefoon op, verbonden aan het internet. Als de eerste persoon alleen maar dacht aan een begroeting als bijvoorbeeld 'ciao', Italiaans voor hallo, dan was de ontvanger in Parijs zich daarvan bewust.*

Ik heb de wetenschappelijke bewijzen toegevoegd om je aan het denken te zetten.

Voor ons is de belangrijkste vraag natuurlijk, wat zegt de Bijbel? Was Jezus telepathisch? Vinden wij dat terug in de schrift? Het simpele antwoord is: Ja! Absoluut! Het zit door de hele Bijbel. Het was voor Christus *normaal* om de verborgen gedachten te kennen. Bekijk de volgende verzen eens met de ogen van iemand die een nieuwe schepping is. Het is ongelooflijk!

*Maar Hij kende hun gedachten en zei tegen hen*

*Lukas 11:17 HSV*

*En Jezus, die hun gedachten zag, zei: 'Waarom overweegt u verkeerde dingen in uw hart?'*

*Mattheüs 9:4 HSV*

*Jezus echter kende hun gedachten en zei tegen hen*

*Mattheüs 12:25 HSV*

Jezus raakte de kern van de echte hartzaken. Hij richtte zich op de verborgen motieven van de ziel. Hij reageerde vaak niet op hun gesproken woorden, maar op hun diepste, geheime verlangens en échte vragen. In de hemel spreekt het hart luider dan de tong.

> *Jezus wist wat in hun harten was.*
> *Johannes 2:24 DAR*

> *Ik ken de gedachten en gevoelens van iedereen.*
> *Openbaringen 2:23 CEV*

> *Ik doorzie elk motief als röntgenstralen.*
> *Openbaringen 2:23 MSG*

Dit is één van mijn favorieten:

> *Maar Jezus vertrouwde hen Zijn leven niet toe. Hij kende hen vanbinnen en vanbuiten en wist hoe onbetrouwbaar ze waren. Hij keek dwars door ze heen en had daar geen hulp bij nodig.*
> *Johannes 2:24 MSG*

Hij keek dwars door ze heen! Mensenlief dat hebben wij nodig vandaag de dag!

Jezus kwam als Licht en Waarheid. Hij functioneerde vrij van uiterlijke schijn. Niemand kon Hem voor de gek houden met een mooi uiterlijk, titels of geleerde woorden. Hij speelde geen menselijke spelletjes en deed geen zaken met leugens. Hij zou niet onder de indruk zijn van Facebook of Twitter!

> *Want de Heer doorzoekt alle harten en elk verstand, en begrijpt elke intentie of neiging van de gedachten*
> *1 Kronieken 28:9 AMP*

> *Want zoals hij denkt in zijn hart, zo is hij.*
> *Spreuken 23:7 NKJV*

Maar ondanks alles keek Jezus door de lens van de liefde naar hen. Hij zag de verborgen schat. Hij trok mensen uit de leugens en mentale gevangenissen en maakte verlorenen wakker. Hij bracht ze terug in de echte wereld.

Jezus gebruikte telepathie niet om de mensheid te veroordelen. Hij kwam om ons te laten zien dat God vóór ons is. Hij kwam om gerechtigheid te brengen voor mensen in nood en vrijheid voor gevangenen.

> *Hij (Jezus) zal niet oordelen op basis van uiterlijke schijn. Hij zal niet afgaan op van horen zeggen. Hij zal de behoeftigen eerlijk beoordelen en rechtvaardig beslissen over de armen van de aarde.*
>
> Jesaja 11:3 MSG

Cardio-gnosis of telepathie is niet bedoeld om mensen te veroordelen of slecht te behandelen. Het gaat om leven vanuit een hoger perspectief. Het is de vreugde van kennen en gekend worden. Kwetsbaar en eerlijk tegenover elkaar te kunnen zijn. In het licht en in ware verbondenheid met elkaar wandelen.

Kun je je Jezus voorstellen zonder deze vaardigheid? Ik niet.

Waarom denk je dan dat jij het niet hebt?

> *Exact hetzelfde leven in Christus is nu in ons gekopieerd. Wij worden samenonthuld in dezelfde zaligheid: wij zijn verbonden in eenheid met Hem. Zoals Zijn leven jou onthult, zo onthult jouw leven Hem!*
>
> Kolossenzen 3:4 MIR

Want Hij is jouw Spiegelbeeld!

---

Referenties:

[1] https://www.dictionary.com/browse/telepathy
[2] Upton Sinclair, Mental Radio. Read Books Ltd (2013)
[3] Hans Berger, citaat uit http://news.discovery.com/human/life/love-telepathy-is-real-120212.htm.
[4] Citaat beschikbaar op https://www.science-ofthe-soul.com/index.php/2015/12/12/the-multiples-effect-proof-that-our-minds-are-all-connected/
[5] Citaat beschikbaar op http://www.dailymail.co.uk/news/article-2745797/Scientists-claim-telepathy-success-sending-mental-message-one-person-4-000-miles-away.html

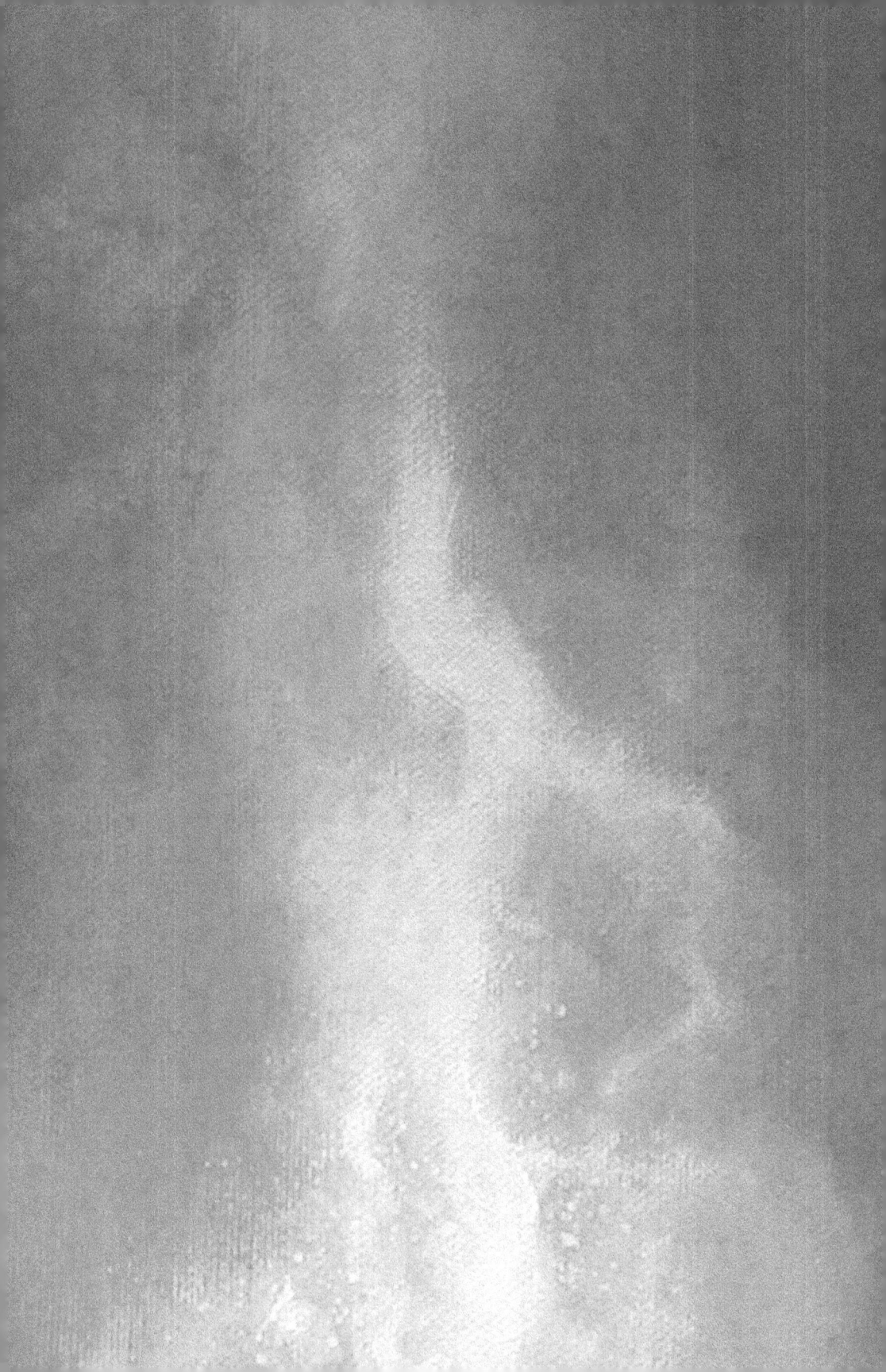

# TELEPATHISCH KNOOPPUNT: ÉÉN LICHAAM

*Ieder van ons is verbonden met de ander,
en samen worden we wat we alleen niet konden zijn.*

Romeinen 12:5 VOI

Ben je er nog? Je hebt het woord telepathie in het laatste hoofdstuk overleefd en je hebt nog steeds honger naar meer. Dat is super! Er is zoveel meer te ontdekken!

*Dit zal zo blijven totdat wij door geloof en ons begrijpen van de Zoon van God met Hem verenigd zijn. Dan zullen wij volwassen zijn, net zoals Jezus is. Wij zullen helemaal zijn zoals Hij is.*

Efeze 4:13 CEV

We willen helemaal gevormd zijn in Christus, helemaal volwassen, helemaal levend en helemaal onthuld!

Dit hoofdstuk bouwt voort op het vorige hoofdstuk. Ik ga je verhalen vertellen over de heiligen en hoe telepathie in onze levens werkt. Daarna wil ik je laten zien dat hele groepen in staat zijn telepathisch te functioneren. Het is niet alleen mogelijk, het zal gaan gebeuren!

Neem hier geen aanstoot aan. God heeft ons zo gemaakt. Dit was het plan voordat de zondeval alles veranderde. Het Ethiopische boek van Henoch vermeldt dat het niet de bedoeling was dat mensen afhankelijk zijn van boeken voor het doorgeven van kennis.[1] Voor het begrijpen van een boek hoef je geen hartsrelatie met de schrijver te hebben.

Je kunt een biografie lezen zonder ooit die persoon te ontmoeten. Oorspronkelijk was het de bedoeling dat wij eeuwig zouden leven en van hart tot hart kennis zouden delen. Adam was bedoeld als een levend boek, geopend, vol van licht. Kennis zou doorgegeven worden door cardio-gnosis van generatie op generatie.

Dit komt terug. Het is onze toekomst. Wij zien glimpjes hiervan in de historische levens van de heiligen. Het volgende merkwaardige verhaal, gaat over de Franse Mystica Jeanne Guyon. Zij ondervond dat ze, tijdens een periode van ernstige ziekte, van hart tot hart kon communiceren.[2]

> *Tijdens deze buitengewone ziekte liet de Heer mij langzaam steeds meer zien dat er een andere manier is waarop zielen kunnen communiceren: in diepe stilte. Altijd als vader La Combe de kamer in kwam, sprak ik alleen in stilte met hem. Onze harten spraken met elkaar, genade overbrengend zonder woorden.*
>
> *Het was alsof wij naar een nieuw land gingen, zowel voor hem als voor mij. Het was zo duidelijk goddelijk dat ik het niet kan beschrijven. Wij brachten vele uren in stilte door, altijd communicerend zonder een enkel woord te zeggen...*
>
> *Later was ik in staat ook met andere zielen op die manier te communiceren, maar dat ging alleen van mij naar hen. Ik deelde genade aan hen mee maar ontving niets van hen terug. Met vader La Combe ging de communicatie van genade heen en weer.*

Mooi toch?! Dit is ware eenheid. Eenheid zoals het bedoeld is. Wie zou dat niet willen?

St. Gerardus Majella is een andere heilige die de harten van mensen las en precies wist wat er met ze aan de hand was. Dit is een grappig verhaal over hoe hij een namaak kreupele bedelaar ontmaskerde![3]

> *(Hij) had een gruwelijke hekel aan de praktijken van sommige mannen die net deden alsof ze kreupel waren, om op die manier te leven van de liefdadigheid van anderen. Op een gegeven moment zag de heilige een man die zichzelf voortsleepte op zijn krukken. Eén been was met oude lappen verbonden en hij bedelde om aalmoezen.*
>
> *Gerardus ging op de man af en rukte de vodden van zijn been en gebood hem de voorstelling te stoppen ten bate van zijn ziel. Toen hij zag dat hij ontmaskerd was, rende de namaak kreupele op twee benen weg. Hij vergat zelfs zijn krukken.*

Deze vaardigheid is vooral heel handig tijdens de biecht! Ha!

> *St. Philip Neri had ook de gave van het lezen van zielen en harten. Deze gave werd vaak gebruikt in de biechtstoel als een zonde werd vergeten of als een boeteling zich uit schaamte stilhield over een ernstige zonde.*
>
> *Eens vond een jonge man het moeilijk een bepaalde zonde te beschrijven. De heilige had medelijden met hem en vertelde hem exact wat er gebeurd was.*

Dit is wat wij vandaag de dag nodig hebben. Ben je er niet moe van slachtoffer te zijn van oneerlijke mensen, politici, beroemdheden of YouTube-bedieningen? Met het internet heb je elke dag onderscheiding nodig!

De waarheid is dat ik mij het leven zonder deze gave niet meer voor kan stellen. Wanneer ik over de hele wereld reis, heb ik gemerkt dat deze cardio-gnosis echt noodzakelijk is. Het is echt geen overbodige luxe als wij volken tot discipelen willen maken.

Ik herinner mij de eerste keer dat mijn vrouw en ik tegelijk iemands gedachten hoorden. Wij zaten op het strand in Wales. Wij waren bezig ons windscherm op te zetten. Er zat een vrouw een stukje achter ons. Mijn vrouw en ik hoorden haar denken: 'Ik wil niet dat ze daar gaan zitten, dan heb ik geen uitzicht meer op de zee.' Wij keken elkaar aan en zeiden: 'Hoorde je dat?' Wij vonden het grappig dat God toeliet dat wij dit hoorden…en natuurlijk zetten wij onze tent een stuk verder weg op het strand!

Ik hecht zoveel waarde aan deze gave. Ik kan niet meer zonder. Wanneer ik reis zie ik vaak hoeveel geestelijke autoriteit er op de leider rust. Ik kan het zien als iemand worstelt en soms ook waarmee. Ik voel aan wat er in de boekrol van hun bestemming staat en of hun leven daarmee overeenkomt. Vaak voel ik het als mensen liegen.

In de Spirit School werd ik eens aangesproken door een jonge man. Hij sprak over reinheid. Helaas was hij niet eerlijk tegen mij. In zijn gedachten kon ik zien dat hij die week met een meisje naar bed was geweest. Hij had ook nog een aantal drugs gerelateerde problemen. Ik glimlachte en gaf hem een knuffel. Ik heb hem niet te kijk gezet. Ik begreep wat er aan de hand was in zijn leven. Hij had Papa nodig. Hij had Liefde nodig.

Ik heb ondervonden dat telepathie veel sterker is als onze eenheid met God sterker is. Als ik verzadigd ben van de Aanwezigheid, kan ik soms in een flits zien hoe mensen echt zijn. Het lijkt alsof ik ze al jaren ken. Het gebeurt niet altijd, maar ik vind het heel gaaf als het gebeurt.

Ik heb cardio-gnosis ook op grote schaal ervaren. Tijdens de aanbidding op een grote conferentie werd mijn borst gevuld met een warme honingachtige aanwezigheid. Mijn hart zwol op met de liefde van God. De gedachten en gevoelens van iedereen in de zaal kwamen op mij af. Het was bijzonder.

Als mijn gedachten stil zijn diep verzonken in de Heer, hoor ik soms de vragen van mensen voordat ze deze stellen. Het gebeurt vaker met goede vrienden. Als je iemand in je hart gesloten hebt, is het makkelijker om connectie te maken. Soms vergeet ik te wachten en antwoord al voor ze de vraag hebben gesteld. Dat heeft ons vaak aan het lachen gemaakt!

Nu niet helemaal op tilt slaan. Wees open. Zoals ik al in het vorige hoofdstuk heb aangetoond is dit hartstikke Bijbels. Laten wij kijken naar een ander voorbeeld uit het boek Handelingen:

> *En Petrus zei: Ananias, waarom heeft de satan uw hart vervuld, zodat u gelogen hebt tegen de Heilige Geest en een deel achtergehouden hebt van de opbrengst van het stuk grond?*
> *Waarom toch hebt u met elkaar afgesproken de Geest van de Heere te verzoeken?*
>
> Handelingen 5:3-9 HSV

Petrus keek dwars door hem heen. Ongelooflijk! Wij kennen de rest van het verhaal. Ze stierven plotseling. Kun je je dat voorstellen! Choquerend toch?

Maar stel je eens voor dat Petrus het niet had gezien. De hele kerk had dan deelgenomen aan bedrog en spotternij. De hele kerk had dan ingestemd met corruptie en zakendoen op de beursvloer van de satan vol van gierigheid en hoogmoed.

Wij moeten terug naar dit niveau van inzicht. Wij kunnen dit belangrijke onderwerp niet langer ontwijken. Wij kunnen ons niet veroorloven om alleen af te gaan op hetgeen zichtbaar is. Paulus wist dat de buitenkant niet de realiteit was. Het is de binnenkant die telt.

> *Wij kennen niemand meer op een menselijke wijze*
>
> 2 Korinthe 5:16 HCSB

> *... vanuit een menselijk gezichtspunt*
>
> 2 Korinthe 5:16 LEB

Wij moeten voorbij de oppervlakkige huid kijken en voorbij negatieve en positieve geruchten, net zoals God dat doet:

> *Want de mens kijkt naar het uiterlijk voorkomen, maar de Heer kijkt naar het hart.*
>
> 1 Samuël 16:7 HSV

Dit is precies hoe de dingen in de hemel werken. In die hogere onzichtbare dimensie spreken onze gedachten luider dan onze woorden. Wij communiceren in kleuren, frequenties en geluid.

Ik heb gezien hoe de heiligen in de Raad van God een metamorfose ondergaan. Daar spreken ze met elkaar op hoge snelheid, met stralen van levende kleuren, net als een geestelijke glasvezelverbinding. Ze bevatten roze, zalmkleurige, blauwe en gele bundels van licht, die door de lucht van geest naar geest stromen. Volledig interactief staan ze in verbinding met elkaar, het is een collectief bewustzijn. Ze spreken sneller dan ik het kan bevatten. Het is boeiend. En van ontzagwekkende schoonheid.

We zien een lagere vorm van deze directe communicatie in de Bijbel. Een man uit Macedonië verscheen aan Paulus in een visioen. Hij sprak tegen Paulus op een telepathische manier.

> *En Paulus kreeg 's nachts een visioen te zien: er stond een Macedonische man, die hem dringend vroeg: Kom over naar Macedonië en help ons!*
> *Handelingen 16:9 HSV*

Sommigen noemen dit 'droom invasie'. Dit was normaal in de levens van de historische heiligen. Ian Clayton noemt dit voor de gein: 'Geestelijk whatsappen'. Zelf doet hij dat vaak!

Paulus, de radicale mysticus, bracht het hebben van geestelijke gemeenschap naar een heel nieuw niveau. Hij zag dat, terwijl wij nog op de aarde zijn, het mogelijk is op elkaar afgestemd te zijn als een gemeenschappelijke geestelijke eenheid. Zo heb ik mijn bezoeken in de hemel ervaren:

> *Maak mijn vreugde compleet door in harmonie te leven, eensgezind en met één doel, dezelfde liefde bezittend, in volledige overeenstemming en met één harmonieuze geest en intentie.*
> *Filippenzen 2:2 AMP*

Of wat simpeler:

> *...weest één van gedachten*
> *2 Korinthe 13:11 NKJV*

Dit is 'Kainos' technologie van de geest. Wij zijn een levend communicatieknooppunt die de ruimte - tijd matrix overstijgt. Elke definitie van afstand is afgeschaft in Christus. Wij zijn mystiek verweven in liefde, in de gemeenschappelijkheid van één lichaam.

Ik heb ontdekt dat deze gave sterker wordt naarmate wij meer en meer opgaan in de aanwezigheid van God en genieten van deze eenwording. Hoe meer ik bekleed ben met de goddelijke essentie, hoe natuurlijker deze nieuwe, heerlijke wereld wordt. Vanuit mijzelf kan ik niets. Het is in eenheid dat wij de volmaaktheid, de perfectie bereiken.

De valse perceptie van onze gedachten doet ons geloven dat de verbinding met God verbroken is. De realiteit is echter dat er volkomen eenheid is.

> *Wij zijn met velen, maar in Christus zijn wij allen één lichaam. Wij zijn de leden van dat lichaam, en ieder lid behoort aan alle anderen toe.*
> *Romeinen 12:5 ERV*

*Iedereen is met anderen verbonden en samen worden we, wat wij alleen niet zouden kunnen zijn.*

*Romeinen 12:5 VOI*

'Samen worden we, wat wij alleen niet zouden kunnen zijn.' Ik vind dat fantastisch.

De toekomst wordt gedefinieerd door éénheid.

---

Referenties:

[1] David Humphries, The lost Book of Enoch. Cambridge Media Group (2006)
[2] Jan Johnson, Madame Guyon. Bethany House Publishers (1998)
[3] Joan Carroll Cruz. Mysteries, Marvels, Miracles in the Lives of the Saints. Tan Books and Publishers (1997)

# VERDER-KIJKEN

*Jezus antwoordde en zei tot hem: Voorwaar, voorwaar ik zeg u,
tenzij iemand wederom geboren is, kan hij niet zien....*

*Johannes 3:3 HSV*

Voordat Christus verscheen, was de mensheid in ernstige mate beperkt. In principe zagen wij alleen de zichtbare materiële wereld. De matrix van ruimte en tijd beperkte ons in onze mogelijkheden. Wij zaten vast aan de grenzen van ons natuurlijke lichaam. Geestelijk blind. Een gevallen wezen.

In de nieuwe schepping is dit allemaal veranderd. De vrucht van het wedergeboren worden is het vermogen om verder te zien dan je neus lang is. Geloof opent je ogen.

*Want zonder ophouden kijken wij naar de onzichtbare dingen en niet naar de zichtbare dingen. De zichtbare dingen zijn immers voorbijgaand. Het zijn de onzichtbare dingen die werkelijk blijvend zijn.*

*2 Korinthe 4:18 PHI*

De apostel Paulus vond het normaal om altijd in de geestelijke dimensie te kunnen zien. Hij moedigde zijn volgers aan om naar het onzichtbare te kijken, en altijd gericht te zijn op wat boven is. Paulus was een mysticus!

*Kijk omhoog en let goed op wat er rondom Jezus gebeurt: Dat is waar de actie is.*

*Kolossenzen 3:1 MSG*

Dit is weer een mysterie uit het Evangelie. Wij zien het in het leven van de apostel Johannes. Hij was op de dag des Heren in de Geest. Hij hoorde een stem en keerde zich om, om de stem te zien die met hem sprak *(Openbaringen 1:10,12)*. Als wij in de Geest zijn, kunnen wij ons omkeren om te zien zoals God dat wil. Ik heb ondervonden dat Hij ernaar verlangt om ons Zijn wereld te laten zien. Dat is Zijn verlangen.

Wereldregeringen zijn zich ervan bewust dat mensen (zelfs in hun gevallen staat) tot op zekere hoogte verziend kunnen zijn. Net als telepathie, kan de wetenschap dit nog niet verklaren. Maar ze weten wel dat er iets aan de hand is. Ze noemen deze vaardigheid 'Remote Viewing' (Verder-kijken).

*Remote Viewing (RV) is het zoeken van indrukken over een ver of onzichtbaar doel met behulp van subjectieve middelen. Het gaat daarbij in het bijzonder om buitenzintuigelijke waarneming (ESP) of paragnosie.*[1]

De Verenigde Staten ontwikkelde een programma om dit fenomeen te onderzoeken. Ze noemden het 'Project Stargate'. Dat klinkt toch net als science fiction? Maar het is echt waar! Officieel liep het project 20 jaar tot 1995. Volgens de officiële kanalen was het een mislukking. Als je echter een beetje rondspit in de resultaten, ontdek je dat sommige mensen er heel goed in waren. Eén man was in staat kenmerken van het zonnestelsel te omschrijven, zelfs voordat de NASA die met hun satellieten kon zien. Er is iets aan de hand!

Als de natuurlijke mens nu al tot op zekere hoogte toegang heeft tot deze vaardigheid, hoeveel te meer de nieuwe schepping. De *'Kainos'* zonen, die de volkomen eenwording met de goddelijke natuur hebben ervaren, zijn nóg veel beter toegerust om verder te kijken.

Voorloper Nancy Coen noemt deze nieuwe creatieve gave 'onbegrensd zicht'.

Het is echt wonderbaarlijk, wat een geweldige gave! Zelfs de indrukwekkende Hubbletelescoop is niets vergeleken bij ons onbeperkte zicht. Heb je de kosmos al eens bekeken met Jezus?

Nu dit tijdperk eindigt en een nieuwe tijd begint, zullen wij helder zicht krijgen. Wij zullen volwassen worden.

*Maar voor de volwassenen is er het vaste voedsel, voor hen die hun zintuigen door het gebruik ervan geoefend hebben...*
Hebreeën 5:14 HSV

Wat eens alleen voor profeten was, zal normaal zijn voor iedereen. Laten wij een paar voorbeelden bekijken:

Zou je je land voor aanvallen willen beschermen? Dit is precies wat Elisa deed voor Israël. Telkens als de koning van Syrië het land aanviel stond Israël paraat en won het gevecht. Ze hadden voorkennis! De koning was woedend. Was er een spion in zijn kamp?

*Toen werd de koning van Syrië innerlijk verbolgen over deze zaak. Hij riep zijn dienaren en zei tegen hen: Kunt u mij niet vertellen wie van ons voor de koning van Israël is?*
*En een van zijn dienaren zei: Nee, mijn heer koning, maar Elisa, de profeet die in Israël is, maakt de koning van Israël de woorden bekend die u in uw slaapkamer spreekt.*
2 Koningen 6:11-12 HSV

Elisa had het mysterie ontdekt en nu leer ik het aan jou. Hij was een schild voor zijn volk en beschermde hen tegen het kwaad. Hij hielp de regering. Elisa werd niet beperkt door materiële grenzen. Hij had geleerd hoe hij zich kon verplaatsen in het Koninkrijk met God.

Wat dacht je van het zien van geheime vergaderingen? Zou je willen weten wat er gaande is in de wereld? De profeet Ezechiël zag de verborgen afgodendienst achter gesloten deuren, en wie daarbij betrokken was. Hij was op de hoogte van corruptie en samenzweringen in zijn generatie.

> *Toen zei Hij tegen mij: Ga naar binnen en zie de boosaardige gruweldaden die zij hier doen. Ik ging naar binnen en ik zag, en zie, alle vormen van kruipende dieren, afschuwelijke dieren en alle stinkgoden van het huis van Israël, helemaal in het rond in de muur gegrift.*
> *En zeventig mannen uit de oudsten van het huis van Israël stonden ervoor, terwijl Jaäzanja, de zoon van Safan, in hun midden stond, ieder met zijn wierookvat in zijn hand, terwijl een geurige wolk van reukwerk opsteeg.*
> *Daarop zei Hij tegen mij: Hebt u gezien, mensenkind, wat de oudsten van het huis van Israël in de duisternis doen, ieder in de kamer waar zijn afbeelding zich bevindt? Want zij zeggen: De HEERE ziet ons niet, de HEERE heeft het land verlaten.*
> Ezechiël .8:9-12 HSV

Deze boosaardige mensen dachten ermee weg te komen, want zeiden zij: 'God ziet het toch niet!' Hoe waar is dit vandaag de dag? Hoeveel regeringen en bedrijven sluiten op dit moment onethische overeenkomsten? Ze denken dat het verborgen is, maar ook dit gaat veranderen!

> *Wees dus niet bevreesd voor hen, want er is niets bedekt wat niet geopenbaard zal worden, en er is niets verborgen wat niet bekend zal worden.*
> Mattheüs 10:26 HSV

Ik geloof dat er in ieder land nieuwe knooppunten binnen de Ecclesia gaan ontstaan. Groepen gelovigen die zien, horen en begrijpen. Zij zullen met kennis bezield zijn en stralen van wijsheid.

In het verleden zijn er kleine voortekenen geweest van wat gaat komen. In het bijzonder bij de Keltische heiligen. In een tijdperk zonder mobiele telefoons en Facebook, vertrouwden zij op hun verder-kijken en cardio-gnosis om in contact te blijven. Ze waren op de hoogte van elkaars doen en laten.[2]

> *Op het eiland Iona was St. Columba op een dag aan het lezen. Plotseling stond hij met een glimlach op en zei: Ik moet mij haasten naar de kerk om bij de Heer te pleiten voor een arm meisje in Ierland.*

> Op dit moment lijdt zij pijn vanwege een zeer moeilijke bevalling en ze roept mij. Ze hoopt dat door mij heen de Heer haar wil vrijzetten van haar angst, want ze is aan mij verwant. Haar vader was familie van mijn moeder.

Het is opmerkelijk dat zij om hem riep. Ze maakte door middel van cardio-gnosis van geest tot geest contact met hem. Een geestelijk tekstbericht om hulp. Als je hart bewogen wordt, volgt je geest vanzelf. Als de ander open en opmerkzaam is, zal hij dat aanvoelen en reageren. Het is als het ware een geestelijk telefoontje.

St. Columba's verhaal gaat verder:

> St. Columba voelde medelijden voor het meisje en rende naar de kerk. Daar knielde hij en bad tot Christus, de Zoon des Mensen. Na het bidden kwam hij naar buiten en zei tegen de broeders die hem tegen kwamen: Nu heeft onze Heere Jezus, die zelf uit een vrouw geboren is, het arme meisje gunst betoond. Er is op tijd hulp gekomen om haar uit haar moeilijkheden te bevrijden. De bevalling is veilig verlopen en ze is buiten levensgevaar.

Later hebben zij van mensen uit haar omgeving de bevestiging ontvangen dat alles wat Columba gezegd had, waar was. Voor Columba was dit echter de normaalste zaak van de wereld. Zijn profetische gave was kristalhelder en loepzuiver. Deze gave zal weer op aarde terugkeren wanneer wij overal nieuwe orakels zullen zien opstaan. Mensen zoals Samuël, die de woorden van God niet op de grond laten vallen. Er komt een nieuwe profetische bediening aan, een bediening die op een veel hoger niveau functioneert.

In het volgende verhaal, ontmoette Columba een man in een herberg. Onmiddellijk zag hij waar de man vandaan kwam en wat voor heftige dingen er op dat moment bij zijn familie thuis gebeurden.

> Toen de heilige hem zag zei hij: 'Waar woon je?' 'In Cruach Rannoch aan de rand van het meer.' Toen zei de heilige, 'In dat gebied wordt op dit moment huisgehouden door losgeslagen benden.'
> Toen hij dit hoorde, begon de arme man om zijn vrouw en kinderen te rouwen. De heilige troostte hem in zijn verdriet en zei: 'Ga, beste man, ga. Je hele familie is de heuvel op gevlucht en ze zijn ontsnapt.
> De wrede overvallers hebben wel je kleine kudde en het meubilair uit je huis als buit meegenomen.' Toen de man terug was in zijn woonplaats, bleek dat alles klopte zoals hij de heilige had horen zeggen.

De profeet Bob Jones had regelmatig dit soort ervaringen. Sommige van die verhalen zijn lachwekkend! Ik herinner mij dat wij jaren geleden Jeff Jansen (Global Fire Ministries) te gast hadden in Wales. Bob was één van de mentors van Jeff en Jeff kwam om te spreken op een conferentie. Jeff was aan het rusten in zijn hotel. Hij keek in de spiegel en zag ineens Bob achter zich staan. Hij schrok zich een bult, draaide zich om en zag dat hij nog steeds alleen was. Onmiddellijk belde hij Bob in Amerika om te checken of hij het echt was geweest. Bob moest lachen en zei: 'Yep, ik kwam even kijken hoe het ging!' Hij hield van Jeff en wilde zeker weten dat alles goed ging tijdens zijn reis naar Wales. Ik vind dat mooi! Dat is *'Kainos'* leven!

Ik heb van de Heer geleerd dat je meer ziet en voelt over iemands leven, als je diegene in je hart draagt. Als je van iemand houdt en hen in je binnenste als een schat bewaard, zal je geest je hart volgen *(2 Koningen 5:26)*.

Ik heb gebeurtenissen op afstand gezien. In dromen en visioenen ben ik getuige geweest van bestuursvergaderingen en gesprekken op andere plaatsen. Ik heb wel eens gezien wat mijn vrouw in de keuken deed terwijl ik in de woonkamer was. Het is mij soms zelfs toegestaan om buiten de wereld in de ruimte te zien.

Onze oudste broer is het prototype. Hij is de rots waarop wij staan en ons leven baseren. Jezus leefde vrij van menselijke beperkingen en kon verder zien dan zijn natuurlijke zicht.

> *Jezus zag Nathanaël naar zich toe komen en zei: Zie, werkelijk een Israëliet in wie geen bedrog is. Nathanaël zei tegen Hem: Vanwaar kent U mij? Jezus antwoordde en zei tegen hem: Voordat Filippus u riep, toen u onder de vijgenboom was, zag Ik u.*
> 
> Johannes 1:48,49 HSV

Hij zag Nathanaël nog voor ze elkaar ontmoetten. Dit accurate woord over de vijgenboom trof Nathanaël en hij geloofde onmiddellijk.

Is dit jou wel eens overkomen? Heb je wel eens iemand ontmoet en het gevoel gehad dat je diegene al kende? Misschien heb je elkaar al eerder in de Geest gezien. Je moest eens weten hoe actief je geest eigenlijk is. Je bent altijd in beweging, zeker 's nachts. Je geest slaapt eigenlijk nooit.

Ons geestelijk zicht is niet beperkt tot mensen of volken op aarde. Net als Elisa zijn ook wij in staat om gebeurtenissen vanaf een afstand te zien. Wij kunnen echter ook net als Jezus het hemelse zien.

> *Ik keek en zag de satan uit de hemel vallen als een bliksemschicht!*
> 
> Lukas 10:17-20 PHI

Jezus werkte met Zijn Vader samen en zag voortdurend in meerdere dimensies tegelijk. Om als volwassen zoon te kunnen functioneren, moeten wij kunnen zien.

> *Ik zeg u: De Zoon kan niets van Zichzelf doen, als Hij dat niet de Vader ziet doen, want al wat Deze doet, dat doet ook de Zoon op gelijke wijze*
>
> Johannes 5:19 HSV

> *...Ik spreek over wat Ik bij Mijn Vader gezien heb*
>
> Johannes 8:38 HSV

De hele wereld is zichtbaar voor Hem.

> *De ogen van de Heer doorkruisen de aarde*
>
> 2 Kronieken 16:9 ISV

> *Waar kan ik Uw Geest ontgaan, waar Uw aangezicht ontvluchten? Al steeg ik op naar de hemel, U bent daar; of legde ik mij neer in de hel, zie, U bent daar. Nam ik vleugels van de dageraad, woonde ik aan het einde van de zee, ook daar zou Uw hand mij leiden en Uw rechterhand mij vasthouden.*
>
> Psalmen 139:7-10 HSV

De Psalmist begreep dat Gods Geest overal is en dat Hij alles vervuld, zelfs de hel. De schepping is kleiner dan de Drie-eenheid. Zelfs de hemel der hemelen is te klein.

> *Zie, de hemel, zelfs de hemel der hemelen, kan U niet bevatten.*
>
> 1 Koningen 8:27 NBG

> *(Jezus) die naar beneden gekomen is, is dezelfde die verder omhoogging dan al de hemelen. Hij deed dat zodat Hij overal zou zijn.*
>
> Efeze 4:10 WE

Dat is toch super! Dit zijn gouden verzen. Poorten naar de goddelijke oceaan! Spring erin!

Dit is het moment waarop het voor ons als zonen helemaal te gek wordt. Zijn wij niet samengesmolten met Zijn Geest? Het Evangelie is toch een boodschap van eenheid met Hem? Een geestelijk huwelijk? Jazeker toch!!

> *Maar wie zich verbindt met de Heer wordt één Geest met Hem.*
>
> 1 Korinthe 6:17 WE

Dus op één of andere mystieke manier kunnen wij in Christus overal heen. Wij zijn immers in Christus net als Hij overal aanwezig. Wij zijn in Hem en Hij is in ons! Verbluffend!

Zoals Paulus zei:

> *De Geest van God wenkt ons. Er zijn dingen te doen en plaatsen om heen te gaan!*
>
> Romeinen 8:14 MSG

Ik houd van die uitnodiging! Net als in de Disneyfilm 'Aladin', reikt de Heilige Geest ons de hand en zegt: 'Vertrouw je Mij?' Misschien heb je die film niet gezien? Het jonge meisje Jasmine denkt na over het aanbod om te vliegen, en springt dan op het vliegende tapijt met Aladin. Samen zingen ze een fantastisch lied over het zien van een 'hele nieuwe wereld'. Komt dat je bekend voor? Aladin zingt:[3]

> *Ik kan je ogen openen, en je wonder na wonder laten ervaren.*

Dit is een profetisch beeld van hoe het is om je in de Geest te verplaatsen. Het is niet eng. Je bent bij Hem. Je bent niet alleen. Hij neemt je mee en laat het je zien. Wij zijn een eenheid en wij vliegen op genade!

Jasmine zingt tegen Aladin:

> *Ik ben als een vallende ster. Ik ben zo ver weg en ik kan niet terug naar waar ik vandaan kwam.*

Dit is de droom van de hemel voor ons. Dat wij zover gaan dat wij niet meer terug willen. Net als Henoch!

---

Referenties:

[1] https://en.wilipedia.org/wiki/Remote_viewing
[2] Richard Sharpe, Adomnan of Iona – Life of St. Columba. Penguin Books (1995)
[3] Tekst beschikbaar op http://www.metrolyrics.com/a-whole-new-world-lyrics-aladdin.html

# DOORDRENKT MET KENNIS

*God gaf Salomo wijsheid: het vermogen om het diepste te doorgronden en het grootste hart. Niks ging zijn pet te boven, er is niets dat hij niet aan kon.*

1 Koningen 4:29 MSG

Ik ben blij dat je nog steeds aan het lezen bent! Ik weet dat het voor sommigen van jullie erg ver gaat. Petje af dat je zover bent gekomen. Zorg dat je een gezonde trek naar meer hebt. Hier ben je voor gemaakt. Ik ben ervan overtuigd dat dit boek in de toekomst slechts een introductiecursus zal zijn. Wij gaan een nieuw tijdperk in.

Laten wij onze definities van wat NU mogelijk is verruimen. De kerk heeft op te kleine voet geleefd. In dit hoofdstuk gaan wij genieten van andere mystieke vaardigheden. Deze komen voort uit onze samensmelting met God. Het gaat om 'Doordrenkt met Kennis' en 'Onbegrensde Harten'.

Zoals de Tardis in Dr. Who (ja, ik ben een nerd) zijn ook wij veel groter aan de binnenkant. Binnen in ons zijn alle rijkdommen en mysteries van de hemel opgeslagen. Wij moeten alleen leren hoe wij bij deze verborgen schat kunnen komen. Dan kunnen wij de wereld helpen. Wij moeten binnenstebuiten leven.

Laten wij beginnen met 'doordrenkt met kennis'. Het kan gedefinieerd worden als:[1]

*De gave van natuurlijke (wereldlijke) en bovennatuurlijke (geestelijke) kennis, op miraculeuze wijze overgebracht door God. Door sommigen wordt aangenomen dat Adam en Eva deze gave hadden. Zij werden volwassen geschapen en zij zouden de eerste onderwijzers van het menselijk ras zijn.*

Doordrenkt te zijn met kennis betekent dat die kennis direct in ons door God wordt uitgegoten. Het is niet gewoon afkomstig van studeren. Het is niet natuurlijk. Het is bovennatuurlijk!

Het beperkt zich niet tot één onderwerp. Het kan betrekking hebben op wetenschap, muziek, talen, tijd, mensen, kunst of zelfs de kosmos. Het kan opeens komen in een golf, of beetje bij beetje. Het is een vrucht van mystieke eenheid.

*Ik ben de wijnstok, jullie zijn de takken. Als jij vastzit aan Mij en Ik aan jou, in een intieme en organische relatie, dan zal de oogst zeker overvloedig zijn. Los van Mij kun je niks voortbrengen.*

Johannes 15:7 MSG

Het bijzondere van doordrenkt te zijn met kennis is dat het soms ongemerkt kan komen, zonder dat je weet waar het vandaan komt. Het kan 's nachts of in de aanwezigheid van God je hart in druppelen.

*Want God spreekt één keer, zelfs twee keer,*
*maar niemand merkt het op.*
*In een droom, in een visioen van de nacht,*
*als diepe slaap op de mens valt,*
*als zij sluimeren in bed,*
*dan opent Hij de oren van de mensen*
*en verzegeld hun instructie.*

Job 33:14-16 TLV

Jaren geleden raakte ik erg onder de indruk toen ik luisterde naar Joshua Mills (New Wine International). Joshua vertelde over de krachtige ontmoeting die hij met God had toen hij een tiener was. Hij was in een kerkdienst en raakte plotseling bedwelmd door de Heilige Geest. Toen hij de volgende morgen opstond, kon hij keyboard spelen en liedjes schrijven. Zo maar in één keer. Hij kon het gewoon. God verzegelde het onderwijs in hem in één nacht. Dat wíl je toch?! Een goddelijke download.

Ingegeven kennis heeft te maken met eenheid. Wij hebben het hier vaak over in onze podcasts. Het is gewoon een gevolg van vriendschap. Eén van de ware kenmerken van spirituele extase.

Ik was op weg naar Frankrijk om jeugdsamenkomsten te doen, toen ik dit fenomeen heb ervaren. Ik genoot van de aangename aanwezigheid van God en ineens werd ik omhooggetrokken. In een flits bevond ik mij in de hemel. Ik zag de 'Boeken van de toekomst' en ontving inzichten over Henoch. Ik begreep dat de Ecclesia daadwerkelijk geruïneerde steden zou herbouwen, het aardse landschap zou vormen en DNA transformeren. God had Jesaja 61:3-4 in mij gegoten. Wonderbaarlijk!

Sommigen geloven dat Adam dit soort kennis bezat en dat de eerste mensen hun brein voor 100% benutten. Toen zij werden geschapen, konden ze meteen aan de slag. Adam leerde nergens lopen of praten, hij kon het al. Hij werd volwassen geboren. Hij wist hoe hij het land moest bewerken en hoe hij technologieën moest toepassen. Kennis over dieren en planten was van tevoren in hem gegoten, dus kende hij hun wezen.

We zien deze gave vaak in Jezus. Bij de put ontmoette Hij de Samaritaanse vrouw en Hij kende haar hele levensverhaal. Niets was voor Hem verborgen en zij stond perplex!

> *En velen van de Samaritanen uit die stad geloofden in Hem om het woord van de vrouw die getuigde: Hij heeft alles tegen mij gezegd wat ik gedaan heb.*
>
> *Johannes 4:39 HSV*

Hij kende haar vanbinnen en vanbuiten. Hij kende haar geschiedenis en begreep haar pijn. Dit was geen natuurlijke kennis, het was door de Geest. Het kwam van de Vader *(1 Korinthe 2:10)*.

Is jou wel eens zoiets overkomen? Dat God iets in één keer in je goot?

In de kerkgeschiedenis lezen wij hier veel verhalen over. Zo neem ik een voorbeeld aan de Keltische heiligen. Zij staan al eeuwen overeind als een baken van licht, een merkteken van hoop voor de Britse eilanden. In dit verhaal waren St. Bridget en haar vrienden aan het wachten op een belangrijke ambtenaar. Zij hadden een zaak bij hem te bepleiten[2].

> *Bridget hield van muziek. Op en dag was ze bij het fort van een stamhoofd in de buurt van Knockaney (County Limerick, Ierland) om te vragen om de vrijlating van een gevangene. De oude pleegvader van het stamhoofd vroeg haar te gaan zitten en te wachten tot zijn zoon haar kon ontvangen. Terwijl ze wachtte, zag ze dat er harpen aan de muur hingen. Ze vroeg of er iemand wilde spelen, maar de harpisten waren afwezig. De zusters die met Bridget mee waren zeiden tegen de pleegvader dat hij de harp moest pakken. Hij zou kunnen spelen zolang Bridget aanwezig was.*
>
> *De oude man nam de harp en trok onhandig aan de snaren, maar ineens kon hij harmonieën en melodieën spelen. Een beetje zenuwachtig probeerde een ander lid van de huishouding het ook, met dezelfde resultaten. Toen het stamhoofd thuiskwam was de ruimte inmiddels gevuld met vrolijke muziek. Hij hoorde zelfs zijn pleegvader lachen. Hij was hier zo blij mee dat hij Bridget alles toekende waar ze om vroeg.*

Ha! Dat is een invasie van glorie! Daar hebben wij vandaag de dag meer van nodig. Op ons werk, thuis, op school. Zie je het voor je? Ik droom daarvan. Ik zie de Britse eilanden enthousiast resoneren van blijdschap!

Deze wonderen gebeurden niet alleen in verre tijden. De Amerikaanse evangelist John G. Lake had ook een ervaring met 'ingegoten' kennis. Terwijl hij een keer op de trein stond te wachten, stond er een groepje Italianen bij hem in de buurt. Hij kreeg een sterk verlangen om hen over Jezus te vertellen:[3]

> *Terwijl ik heen en weer liep op het perron zei ik: 'O Heer, ik zou zo graag met deze mensen praten over de levende Christus en zijn kracht om te redden.' De Geest zei: 'Dat kan.'*

Moet je voorstellen! 'Dat kan', zegt God!

Wat er toen gebeurde, daar word je echt blij van.

> *Ik stapte op hen af en terwijl ik dat deed, ontdekte ik dat ik in een vreemde taal begon te spreken. Ik sprak één van hen aan, en kreeg meteen antwoord in het Italiaans. Ik vroeg waar hij vandaan kwam en hij zei: 'Napels.' Een kwartier lang liet God mij praten met deze groep Italiaanse arbeiders. Ik vertelde over de waarheid van Christus en de kracht van God in hun eigen taal, terwijl ik die niet spreek.*

John G. Lake profeteerde dat er een golf van genade zou komen over een toekomstige generatie. Zij zullen gezalfd zijn om elke taal te spreken. Hij zag dat wat hij had slechts een druppel was, een glimp van wat er aankomt.

Kun je je dat NU voorstellen? Dat wij allemaal vele talen spreken? Dan zou de media iets te melden hebben. Het zou opschudding veroorzaken. Ik durf dit soort zaken te geloven. Zoals Paulus zei:

> *Indien het lijkt alsof wij gek zijn, dan is het om glorie aan God te brengen.*
> *2 Korinthe 5:13 NLT*

De tweede 'Kainos' manifestatie die hierbij hoort is wat ik een 'Onbegrensd Hart' noem. Het is een diepe bovennatuurlijke gave om kennis toe te passen, raadsels op te lossen en oplossingen te vinden.

Het is de gave van een hart gevuld met wijsheid, dat boven het natuurlijke denken uitstijgt. Salomo en vele heiligen uit het verleden hebben dit ervaren. Lees het volgende vers eens en stel je voor dat jou zoiets overkomt.

> *God gaf Salomo wijsheid om het diepste te begrijpen en Hij gaf hem het grootste hart. Niks was hem te moeilijk, er was niets dat hij niet aan kon.*
> *1 Koningen 4:29 MSG*

> *Elohim gaf Salomo wijsheid: scherp inzicht en een verstand zo onbegrensd als het zand aan de zee.*
> *1 Koningen 4:29 NOG*

Wauw! Dat is gaaf...een onbegrensd verstand!!

De Bijbel is vol met mensen die hierin functioneerden vóórdat de nieuwe schepping realiteit werd. Het zijn voortekenen van een betere tijd. Daniël was ook zo iemand. Hij nam geestelijke verantwoordelijkheid voor een volk en door die keuze ontving hij autoriteit en een onbegrensd hart.

> *Een uitzonderlijke geest, kennis en inzicht, het vermogen dromen te interpreteren, raadsels uit te leggen en complexe problemen op te lossen, dit alles werd gevonden in Daniël.*
>
> *Daniël 5:12 AMP*

> *Hij kon alles, dromen interpreteren, raadsels oplossen, puzzels uitleggen.*
>
> *Daniël 5:12 MSG*

> *Raadsels ontsluiten en ingewikkelde problemen oplossen.*
>
> *Daniël 5:12 CJB*

Niets was Daniël te moeilijk. Niets!!! Stel je dat eens voor.

Er zijn mensen die geloven dat wij slechts 10% van onze hersencapaciteit gebruiken.

Waar is de overige 90% dan voor? Misschien is de rest wel voor een hoger bewust zijn en aanhaken in andere dimensies. Is dat niet wat wij het bovennatuurlijke noemen?

We weten in ieder geval dat Jezus is gekomen om alles wat verloren was te herstellen. Om alles te herstellen. Dat is inclusief ons intellect en denkvermogen, onze kennis, de 100% en meer.

> *Want de Zoon van de mensen kwam om te zoeken en te redden wat verloren was.*
>
> *Lukas 19:10 CJB*

Bob Jones profeteerde dat onze cognitieve vaardigheden zouden groeien, wanneer wij de oogsttijd zullen ingaan. Ik geloof dat.

Openbaring, wijsheid en inzicht zullen op ongekende wijze toenemen. Als wij dat niet inzien, begrijpen wij de tijd waarin wij leven niet.

> *Jullie zonen zullen profeteren, en jullie dochters ook. Jullie jongemannen zullen visioenen zien en jullie oude mannen zullen dromen dromen. Als de tijd gekomen is zal Ik mijn Geest uitstorten over wie Mij dienen, mannen en vrouwen, en zij zullen profeteren.*
>
> *Handelingen 2:17 MSG*

Dit is een gigantische verandering! Dit is de tijd van geopenbaarde waarheid! En het zal alleen maar toenemen.

De tijd van Henoch was tegenovergesteld aan onze tijd. Wijsheid kon geen rustplaats vinden op de aarde. Het was een rebellerende, wetteloze generatie, die niet van God hield. Het was een donkere tijd. Wijsheid was opgesloten in de hemelen. Het verloren boek van Henoch zegt:[4]

> *Het leek vreemd dat Wijsheid geen verblijfplaats kon vinden; toen werd Haar een plaats aangewezen in de hemelen... Ze trok erop uit om te gaan wonen bij de mensenkinderen, maar Ze vond geen verblijfplaats. Ze keerde terug naar Haar plaats en zat bij de engelen.*

Maar Henoch zag dat het ooit anders zou zijn. Hij voorzag een tijd waarin mensen de hemel in zouden gaan en zouden drinken uit de fonteinen van Wijsheid. Hij zag de opkomst van 'Ecclesia-eenheden' ver van tevoren.

> *Ik zag de fontein van gerechtigheid. Er omheen waren andere fonteinen van wijsheid. Zij die dorst hadden dronken dit water en zij werden gevuld met wijsheid.*

Mystieke groepen die opgaan naar Sion om Gods wegen te leren. Ik vind dat zó gaaf! Het is begonnen.

Toen zag Henoch hoe Wijsheid de aarde zou verzadigen met de geheimen van rechtvaardigheid. Een invasie van Kennis in één dag. Een uitstorting van de Geest van Wijsheid!

> *Wijsheid zal uitgestort worden als water en de glorie van God faalt nooit. Want Hij is machtig in alle dingen en in alle geheimen van rechtvaardigheid.*

Wij leven in deze tijd. Ik geloof het. Ik zie het. Wij hebben 'Kainos' mensen ontmoet die allerlei nieuwe dingen ontvangen hebben: nieuwe computertechnologieën, auto-ontwerpen, levensverlengende ideeën, vernieuwende algoritmes, nanotechnologie, en nog veel meer. Sommige van die dingen zijn echt te wow! Het gebeurt op dit moment, vaak in het geheim. Ik heb een plaats bezocht waar aan deze nieuwe technologieën wordt gewerkt. Ik heb het één en ander zelf gezien, de nieuwe schepping wordt realiteit. Wat ik daar zag ging mijn verstand te boven! Ik vind het te gek!

Dat wil jij toch ook?!

Verbazingwekkend genoeg wil God dat ook voor ons, en meer nog dan dat!

> *Het heeft uw Vader behaagt u het Koninkrijk te geven.*
>
> Lukas 12:32 HSV

Twijfel nergens aan! Hij heeft er plezier in om Zijn Koninkrijk met jou te delen.

*Roep naar Mij en Ik zal je antwoorden, en je grote en machtige dingen laten zien, die je niet kent.*

*Jeremia 33:3 NKJV*

*...Ik zal je miraculeuze en wonderbaarlijke dingen vertellen waar je nooit zelf achter zou kunnen komen*

*Jeremia 33:3 MSG*

*...dingen die je voorstellingsvermogen te boven gaan*

*Jeremia 33:3 VOI*

Misschien heb je het gevoel dat je helemaal niet goed genoeg bent om hierin te wandelen. Dit is het goede nieuws van het Evangelie: *'Jezus heeft alles voor jou gedaan, omdat jij dat nooit zou kunnen!'* Hij heeft namens jou het perfecte leven geleefd. Nu ontvangen wij door het geloof het Koninkrijk als een cadeau. Wij geloven in plaats van te proberen het op eigen kracht te bereiken.

Deze genade komt naar kleine groepjes verspreid over de hele aardbol. Bestuurlijke knooppunten komen opnieuw tot stand in woonkamers en gebedshuizen, in door de Geest geleide kerken en in de persoonlijke omgang met God.

Ik zag in een droom hoe een huisvrouw persoonlijk vanuit de hemel werd opgeleid. Ze was aan het schoonmaken en ondertussen werd ze onderwezen in de geheimenissen van het Koninkrijk. Jaren ging dit door, alles in het verborgene, totdat ze werd uitgezonden om te onderwijzen. Op een dag stond ze op en begon te spreken. Ze was niet meer tegen te houden. Ze was een nieuw orakel.

*Want er is niets verborgen, wat niet geopenbaard zal worden; en er is niets gebeurd om verborgen te blijven, maar opdat het in het openbaar zou komen.*

*Markus 4:22 HSV*

Mensen zoals zij zullen benaderd worden door regeringen. Ze zullen uitgenodigd worden in vergaderingen waar ze zullen bidden en profeteren. Ze zullen een cruciale rol spelen in het oplossen van de problemen van deze tijd. Ze zullen niet corrupt of beïnvloedbaar zijn. Hun enige drijfveer is de hemel, gezeten in Christus vanuit de rust van Zijn volbrachte werk. Zij zullen 'Levend Woord' bedieningen zijn.

Ik heb ervoor gekozen dit alles te vertellen in de vaste overtuiging dat jij iemand bent die is gekozen om de geheimen te kennen. Je bent geboren in een tijd waarin wijsheid als regen naar beneden zal stromen. Je zult onbegrensd zijn op een manier die je je totaal niet voor kunt stellen, net zoals Salomo dat ervaren heeft. Vul je eigen naam in op de puntjes:

*God gaf............. Wijsheid en het diepste inzicht om te begrijpen en Hij gaf mij het grootste hart. Niets is voor mij te moeilijk, ik kan alles aan.*
*1 Koningen 4:29 MSG*

Spreek het uit. Zie het. Verlang ernaar. Droom erover. Zie het. Geloof het!

Onderzoek je erfenis met een kinderlijk onschuldig *'Kainos'* geloof.

*Als jullie in Mij leven (De eenheid met Mij is voor jullie van vitaal belang) en Mijn woorden in jullie zijn en in jullie harten blijven leven; vraag maar wat jullie willen, het zal voor jullie gedaan worden.*
*Johannes 15:7 AMP*

Als gevolg van deze Eenheid zullen de woorden in je hart blijven leven.

De nieuwe orakels zijn op komst...misschien wel sneller dan wij denken!

---

Referenties:

[1] Definitie van 'Doordrenkt met kennis' gevonden op http://www.catholicculture.org/culture/library/dictionary/index.cfm?id=34207

[2] Kathie Walters, Celtic Flames. Good News Ministries (1999)

[3] John G. Lake, John G. Lake: His Life, His Sermons, His Boldness of Faith. Kenneth Copeland Publishing (1995)

[4] David Humphries, The Lost Book of Enoch. Cambridge Media Group (2006)

# WONDERBAARLIJKE TELEPORTATIE

*Ik ben ervan overtuigd dat teleportaties enorm zullen toenemen.*

John Paul Jackson

In 2014 zag ik een eerste glimp van een mysterie: De zonen van God zijn geschapen om door de Geest dingen te doen, die nu door aardse technologieën worden gedaan. In feite openbaart de aardse technologie onzichtbare geestelijke principes. Het is een manifestatie van de goedheid van God.

In de natuurlijke wereld hebben wij gezien hoe het reizen volkomen veranderd is. Toen mijn vader klein was, was vliegen nog een luxe. Gewone mensen gingen zelden naar het buitenland. Nog een generatie daarvoor waren auto's alleen voor de rijken, en nog een stukje terug in de tijd reisde men met paard en wagen.

Eén van de 'Kainos' technologieën die nu in ontwikkeling is, heeft ook met reizen te maken. Het is de bovennatuurlijke gave om van de ene naar de andere plek te teleporteren. Ik heb gezien dat sommige radicale mystici niet alleen zullen 'leven' in de Geest, ze zullen ook in de Geest 'bewegen'.

*Want in Hem leven wij, bewegen wij ons en bestaan wij.*
Handelingen 17:28 HSV

Misschien zag Daniël dit al. Hij keek in de toekomst en zei:

*Velen zullen overal heen reizen.*
Daniël 12:4 GW

Grenscontroles worden tegenwoordig steeds strenger, overal staan wij steeds meer onder cameratoezicht. Daarom is het belangrijk dat wij leren deze gave te ontwikkelen. De 'Kainos' schepping overstijgt namelijk deze tijdelijke geografische beperkingen.

*De aarde is immers van de HEERE en al wat zij bevat, de wereld en wie er wonen.*
Psalmen 24:1 HSV

We kijken nog een keer naar onze blauwdruk, zodat wij ons herinneren wie wij zijn en wat wij doen. Jezus verscheen ineens in de kamer met een vleselijk lichaam dat kon eten, drinken en aangeraakt kon worden.

*En toen zij over deze dingen spraken, stond Jezus zelf in hun midden en zei tegen hen: Vrede zij u. En zij werden angstig en zeer bevreesd en dachten dat ze een geest zagen. En Hij zei tegen hen: Waarom bent u in verwarring en waarom komen zulke overwegingen op in uw hart?*

*Zie Mijn handen en Mijn voeten, want Ik ben het Zelf. Raak Mij aan en zie, want een geest heeft geen vlees en beenderen, zoals u ziet dat Ik heb.*
Lukas 24:36-39 HSV

Dit is zo'n episch verhaal. Ik had er zo graag bij willen zijn. Ik vind het prachtig!

Dit was niet de enige keer dat Jezus teleporteerde. Bij een andere gelegenheid verplaatste Jezus de vissersboot, inclusief discipelen, in één moment naar de kust. Dat gebeurde vlak nadat Hij op het water gelopen had.

*Maar Hij zei tegen hen: Ik ben het, wees niet bevreesd. Zij wilden Hem dan in het schip nemen, en meteen bereikte het schip het land waar zij naartoe voeren.*
Johannes 6:21 HSV

Ik vind dat de New Living Translation het mooi verwoordt:

*Onmiddellijk arriveerden zij op hun bestemming!*
Johannes 6:21 NLT

Stel je toch eens voor dat zoiets je overkomt: 'Je stapt in de auto om te vertrekken en dan opeens ben je er al!' De TomTom zegt: 'U heeft uw bestemming bereikt.' Ha! Dat wil ik! Het zou super zijn om er meteen al te zijn.

Nadat Jezus de aarde had verlaten ging het teleporteren in de eerste gemeente gewoon door. Filippus reisde in één ogenblik 65 kilometer:

*En hij liet de wagen stilhouden, en zij daalden beiden af in het water, zowel Filippus als de kamerheer, en hij doopte hem. En toen zij uit het water opgekomen waren, nam de Geest van de Heere Filippus weg; en de kamerheer zag hem niet meer, want hij vervolgde zijn weg met blijdschap. Maar Filippus werd aangetroffen in Asdod; en terwijl hij het land doorging, verkondigde hij het Evangelie in alle steden, totdat hij in Caesarea kwam.*
Handelingen 8:38-40 HSV

Zelfs voor sommigen in het Oude Testament was deze gave normaal. Elia werd regelmatig door de Geest in Israël verplaatst. Zo zeer zelfs dat hem gevraagd werd of hij even kon blijven waar hij was *(1 Koningen 18:12)*. Elia moest beloven niet te verdwijnen. Wonderbaarlijk toch?!

Hier gaan wij met elkaar naartoe. *'Kainos'* leven is bewegen in de Geest en in de Kracht van Elia!

Eén van mijn helden is de reeds overleden profeet John Paul Jackson. Hij respecteerde mij ook en dat zal ik nooit vergeten. John Paul had veel bijzondere ervaringen. In het volgende verhaal vertelt John Paul hoe een man uit Mexico getransporteerd werd, naar zijn hotelkamer in Zwitserland.

*Ik was in Zwitserland, in Genève. Ik was al 21 dagen op reis en ik voelde mij niet goed. Eigenlijk was ik gewoon ziek... Het was niet leuk meer. Ik was vertrokken uit Los Angeles ervan uitgaande dat ik wel op zou knappen...21 dagen later ging het alleen maar slechter.*

*Het was half drie 's nachts. Ik was wakker. Ik voelde mij beroerd en ik verrekte van de pijn. Ik keek op de klok en ik zag dat het half drie was. Ik keek naar rechts en daar stond een man. Ik dacht dat ik zó ziek was dat ik hallucineerde. Er is hier niemand, ik ben vast aan het hallucineren.*

*Ik zei: 'Heer, als dit van U is, zorg er dan voor dat hij mij aanraakt en voor mij bidt...Ik wil dat hij zijn hand op mijn hand legt. Ik wil niet van dat geesten gedoe, dat het dwars door mij heen gaat of zoiets. Ik wil het gewicht van zijn hand voelen en ik wil genezen zijn.'*

*Hij was ergens rond de tachtig schat ik. Hij had een verweerd gezicht en hij zag eruit als een Spanjaard of een Mexicaan. Hij zei: 'Ik ben hier om voor je te bidden zodat je geneest.' Hij legde zijn hand op mij en bad voor mij. Het voelde alsof er een boekrol bij mij naar binnenging. Het voelde dik, zoals honing. De boekrol rolde op van mijn hoofd tot mijn voeten en de pijn verdween. Ik was onmiddellijk genezen. Ik keek hem aan en hij glimlachte naar mij. Toen verdween hij vlak voor mijn ogen.*

*Ik was genezen! Ik was hartstikke blij en ging m'n bed uit om God te prijzen. Ik dankte God dat Hij één van Zijn engelen had gestuurd. Maar Hij zei: 'Het was een dienstknecht van Mij uit Mexico. Hij woont daar in een klein dorpje. Hij vroeg Mij of ik hem ergens voor kon gebruiken. Dus Ik nam hem op en bracht hem ook weer terug.'*

John Paul vertelde het verhaal en zei:[1]

*Hoe zou je het vinden om die man te zijn? Ik weet dat zulke dingen gaan gebeuren.*

Ik wil dat. Ik denk dat wij toe zijn aan avontuur. Het zit in ons DNA.

Wanneer mijn goede vriend Matthew Nagy (Glory Company) 's morgens op weg was naar zijn kantoor, maakte hij het regelmatig mee dat hij zomaar een verdieping omhoog getransporteerd werd. Matt werd er telkens weer door verrast. Hij liep gewoon te genieten van de liefde van Jezus, en dan was hij ineens boven! Dat lijkt mij wel wat!

Ik houd van de kortste weg van A naar B. Mijn vrienden John en Ruth Filler kwamen luisteren toen ik in Oregon (USA) sprak. Het kostte ze drie uur om bij de samenkomst te komen. De terugweg duurde maar anderhalf uur, terwijl ze even snel reden. Is dat niet verbazingwekkend? Ik noem dit vreemde fenomeen 'tijd uitbuiten' *(Efeze 5:16 HSV)*.

Wij krijgen vaak mailtjes van mensen met net zulke verhalen. Wij als *'Kainos'* wezens zijn in staat tijd en realiteit te vormen, en dit zal alleen maar toenemen. Vreemd genoeg zijn er zelfs mensen die laat van huis gingen en evengoed vroeg bij hun bestemming aankwamen. Het is gek! Het is raar! Het is zó leuk!

Ik was een keer met Ian Clayton en nog een paar vrienden op vakantie in het mooie Nieuw-Zeeland. Wij waren bij de beroemde vulkanische meren geweest en reden met Ian over slingerende bergwegen. Wij kwamen op de top van een berg en keken naar beneden de vallei in. Een moment later waren wij aan de voet van de berg. Wij moesten erom lachen! Ik had er nog meer van genoten als ik niet zoveel stress had gehad vanwege Ians rijstijl (echt waar)!

De geschiedenis laat zien dat God Zijn vrienden op hun reis de helpende hand wil bieden. Hij beloont vriendschap. Eén van de verhalen uit de vroege kerk gaat over St. Ammon. Hij was op reis met zijn discipel Theodore:[2]

> *Ze kwamen bij een riviertje waar ze doorheen wilden waden. Het water stond echter hoger dan normaal en was buiten de oevers getreden. Ze realiseerden zich dat ze zouden moeten zwemmen. Daarom zochten ze wat beschutting om zich uit te kunnen kleden, maar St. Ammon stond nog te weifelen. Hij was te verlegen om naakt naar de overkant te zwemmen. Plotseling werd hij naar de overkant getransporteerd.*
> *Toen Theodore de kant bereikte zag hij dat de heilige niet nat was en vroeg hem om een verklaring. Hij bleef zo aandringen dat de heilige uiteindelijk toegaf dat er een wonder was gebeurd.*

Ik denk dat Bear Grylls, een overlevingsexpert van TV, zou tekenen voor zo'n wonder!

Het lijkt erop dat intens verlangen de stuwende kracht is in het vormgeven van geestelijke mogelijkheden. Jouw verwachting produceert geloof. Jouw geloof produceert bewijs van het onzichtbare. Geloof vormt realiteit.

Het volgende verhaal gaat over St. Dominic. Hij wilde de hele nacht in gebed doorbrengen in de kerk, maar de deur was al op het nachtslot.

> *Op een avond was St. Dominic op reis in het gezelschap van een Cisterciaanse monnik, toe ze bij een naburige kerk aankwamen. St. Dominic wilde daar voor het altaar de nacht in gebed doorbrengen, want dat was zijn gewoonte. Hij was teleurgesteld toen bleek dat de kerk voor de nacht op slot was gedaan. De monniken besloten dan maar op de treden voor de kerkdeur te bidden. Plotseling, zonder te kunnen vertellen hoe, bevonden ze zich voor het hoge altaar in de kerk. Ze bleven daar tot de ochtend.*

Dat is de kracht van verlangen. Het ontvangt gunst van de Vader. Valt het je op dat ze kennelijk ook geen slaap nodig hadden? Dat komt ook vaak voor als vrucht van mystieke eenheid. Er is leven in eenheid.

Laatst hoorde ik Paul Keith Davis verhalen vertellen over de profeet Bob Jones. Een plezier om naar te luisteren. Bob Jones is één van mijn persoonlijke helden. Ik had hem graag op deze aarde willen ontmoeten.

Paul Keith vertelde wat er gebeurde bij Moravian Falls in Amerika. Ze waren daar aan het bidden zodat een bepaald stuk land aan de kerk verkocht zou worden. Vroeg in de morgen werd Bob wakker geschud door een engel. Hij werd gevraagd zich aan te kleden en mee te komen. De engel transporteerde Bob naar de top van de heuvel. Daar bevond zich een demonisch wezen dat de koop tegenhield. Bob had al snel met de demon afgerekend. Het is een wild verhaal!

Paul Keith was verbaasd toen hij die ochtend vroeg wakker werd en Bob Jones in zijn eentje de heuvel af zag komen. Dat was vreemd want Bob moest aan zijn knie geopereerd worden. Bob vertelde hem wat er gebeurd was.

Toen hij het verhaal van de engel hoorde zette Paul Bob de pin op de neus om hem óók wakker te maken als er weer een engel zou komen. Paul Keith lachte toen hij het verhaal vertelde, maar ik denk ook dat hij baalde. Hij had het hele avontuur gemist!

Pere Lamy was een oudere man, net als Bob. Ook hij werd getransporteerd om zijn knieën te sparen. Hij was een katholieke priester bij wie veel wonderen gebeurden. Hij wandelde in hechte relatie met de engelen en werd regelmatig door hen geholpen:[3]

> *Ik ben zo vaak ondersteund door de heilige engelen. Als ik op was van vermoeidheid werd ik van de ene naar de andere plek gebracht zonder dat ik het in de gaten had. Dan zei ik: 'Mijn God, wat ben ik moe!' Vaak was ik dan 's nachts ergens ver weg in mijn parochie, en ineens was ik bij Place St. Lucian. Ik weet niet hoe dat gebeurde.*

Ik vind dat zo mooi. De hemel zorgt voor ons!

Ian Clayton is een voorloper in deze geestelijke technologie. Ian heeft regelmatig teleportatie ervaren. Hij verschijnt in een gevangeniscel om een christen te genezen, of in China om te onderwijzen over het Koninkrijk. Hij redt een familie van een bombardement in het Midden-Oosten. Hij is zelfs een aantal keer tijdens deze ervaringen gewond geraakt en heeft de littekens als bewijs.[4]

We hebben geleerd de gaven van spreken in tongen en profetie binnenin ons 'aan te wakkeren'. Zo zullen wij ook leren om teleporteren en wisselen van dimensie aan te wakkeren. Wij zullen wonderen doen en zelfs op twee plaatsen tegelijk zijn. Het is het natuurlijke proces waarbij geestelijke wezens volwassen worden.

Wat in het verleden magie leek is nu een alledaagse technologie. De groei van de natuurlijke technologische ontwikkelingen is explosief geweest. Zet je daarom maar schrap voor een explosieve groei van geestelijke technologieën!

Heb geloof voor wonderbaarlijke transportatie!

---

Referenties:

[1] John Paul Jackson, citaat uit een live opname in Engeland. Meer informatie over John Paul Jackson is beschikbaar op www.streamsministries.com

[2] Joan Carroll Cruz. Mysteries, Marvels, Miracles in the Lives of the Saints. Tan Books and Publishers (1997)

[3] Joan Carroll Cruz. Mysteries, Marvels, Miracles in the Lives of the Saints. Tan Books and Publishers (1997)

[4] Je kunt hier meer over horen in onze gratis Podcast 'Transrelocation with Ian Clayton'. Beschikbaar op onze website http://companyofburninghearts.podomatic.com or iTunes

# METAMORFOSE

*En terwijl zij toekeken, begon Hij (Jezus) voor hun ogen van gedaante te veranderen*

*Mattheüs 17:2 CJB*

Ik heb kortgeleden een nieuw paspoort aangevraagd. Daarvoor moest ik ook nieuwe foto's laten maken. Ik kon bijna niet geloven hoeveel mijn gezicht in de afgelopen 10 jaar veranderd was. Dat is toch bijzonder?

Naarmate je ouder wordt realiseer je je, dat je lichaam niet is wie je werkelijk bent. Het lichaam is een prachtig cadeau en het heeft een bijzonder doel op deze aarde. Het geeft ons de mogelijkheid te functioneren in de zichtbare wereld, maar het kan ons diepste wezen uiteindelijk niet definiëren.

In dit hoofdstuk wil ik het hebben over een vreemd, lichaam gerelateerd onderwerp. Ik heb overwogen dit onderwerp achterwege te laten, want het is een beetje buitenissig. Maar toen ik in de aanwezigheid van God was, had ik de indruk dat het goed was om dit toch in het boek op te nemen. Ik hoop dat dit de goede beslissing is geweest. Misschien helpt het iemand die dit leest, om bepaalde ervaringen beter te begrijpen. God geeft om de eenling. Misschien is het wel voor jou.

Ik wil het hebben over een bovennatuurlijke verandering van ons uiterlijk. Bijbelgeleerden noemen dit 'metamorfose' of 'transfiguratie', of eenvoudig gezegd:

*Verwisseling van gedaante, of verandering van het uiterlijk voorkomen of vorm*

*www.vandale.nl*

Het lijkt erop dat fysieke verandering heel goed mogelijk is in het *'Kainos'* leven. De meeste mensen kennen het verhaal van de verheerlijking op de berg. Het was een bijzonder moment waarin Jezus Zijn echte goddelijke natuur aan zijn beste vrienden liet zien. Ineens veranderde Zijn lichaam.

*Zijn uiterlijk veranderde drastisch waar zij bij waren.*

*Mattheüs 17:2 AMP*

Zonlicht stroomde van Zijn gezicht en Zijn kleren werden wit, helder als het licht. Ik geloof dat zij op dat moment de toekomst van het menselijke ras zagen.

Dit was niet de enige keer dat Jezus van gedaante veranderde. Hier wordt zelden over gesproken in Christelijke kringen, maar het is wel zó belangrijk dat het in de Bijbel genoemd wordt. Denk eens na over de volgende vreemde Bijbelverzen:

> ...Ze herkenden hem niet
>
> *Lukas 24:16 BB*

> *Zij dacht dat het de tuinman was*
>
> *Johannes 20:15 HSV*

> ...de discipelen wisten niet dat het Jezus was.
>
> *Johannes 21:4 HSV*

> *En niemand van de discipelen durfde Hem te vragen: Wie bent U?*
>
> *Johannes 21:12 HSV*

Het is voor mij een groot vraagteken waarom Jezus van gedaante veranderde. Wellicht dat iedere keer de nadruk op een ander aspect van Zijn goddelijke natuur werd gelegd. Misschien leerden Zijn vrienden op deze wijze Zijn geestelijke natuur te zien in plaats van alleen zijn lichamelijke verschijning. Leren om Hem door middel van cardio-gnosis te kennen is tenslotte de hemelse manier.

De geschiedenis vermeldt vele verhalen over hoe Jezus in vermomming aan de heiligen verscheen. De bekende baanbrekende kloosterling St. Martinus van Tours, deelde eens in de vrieskou zijn enige mantel met een dakloze bedelaar.[1] Later zag Martinus in een visioen hoe Jezus in de hemel zijn mantel droeg en met heiligen en engelen feestvierde. Jezus was in een andere vorm aan hem verschenen, namelijk als nederige bedelaar. Verbazingwekkend!

Eén van mijn vrienden uit Schotland, Lorna, is die eer ook te beurt gevallen. Zij ontmoette Jezus op haar 50[ste] verjaardag in een lunch café. Jezus zag eruit als een gewone man. Hij begon een gesprek met Lorna en ze aten samen vis. Ze hebben een tijd zitten praten en Hij vertelde haar boeiende verhalen. Pas na de lunch realiseerde Lorna zich dat het echt Jezus was. Op het moment zelf was het verborgen voor haar. Wat een heerlijk verjaardagscadeau! God heeft een fantastisch gevoel voor humor! Zou jij Jezus niet willen zien? Ik denk echt dat dat kan *(Johannes 17:24)*!

Op andere plaatsen in de Bijbel lezen wij dat Jezus' transformaties nog vreemder en mystieker zijn. Hier ziet Johannes Hem met wit haar en ogen van vuur:

> *En toen ik mij had omgekeerd...zag ik Iemand die op de Zoon des mensen leek, gekleed in een gewaad tot op de voeten, en op de borst omgord met een gouden gordel:*

> *En Zijn hoofd en haar waren wit, als witte wol, als sneeuw, en Zijn ogen waren als een vuurvlam.*
>
> Openbaringen 1:12-14 HSV

Je zou zeggen dat dat breinbrekend genoeg was voor één ervaring, maar nee. Johannes ziet Jezus daarna als een Lam met zeven ogen en zeven hoorns. Hoe bizar en angstaanjagend!

> *En ik zag, en zie: te midden van de troon en van de vier dieren en te midden van de ouderlingen stond een Lam als geslacht, met zeven hoorns en zeven ogen. Dat zijn de zeven Geesten van God, die uitgezonden zijn over heel de aarde.*
>
> Openbaringen 5:6 HSV

Als wij ons oog op Hem gericht houden, worden wij zoals Hij. Zou het mogelijk zijn om zo volledig in Hem op te gaan dat je er voor een moment net zo uitziet als Hij? Je kunt het je bijna niet voorstellen, maar volgens de Bijbel is het zeker mogelijk:

> *Met ongesluierde gezichten reflecteren wij nu allemaal de glorie van de Heer alsof wij spiegels zijn; en zo worden wij getransformeerd en wisselen van gedaante van één fonkeling van glorie naar een andere, zoals de Geest van God het volbrengt.*
>
> 2 Korinthe 3:18 VOI

Misschien is dit wel wat er met Mozes gebeurde nadat hij de Heer van aangezicht tot aangezicht ontmoet had. In sommige vertalingen lezen wij dat zijn gezicht niet alleen straalde, maar dat hij ook een soort hoorns had.

> *En toen Mozes afdaalde van de berg Sinaï, droeg hij de twee stenen tafelen der getuigenis, en hij wist niet dat zijn gezicht gehoornd was door het gesprek met de HEERE.*
>
> Exodus 34:29 DRB

Dit komt van het woord 'qaran'. Het betekent 'stralen of gehoornd zijn, hoorns doen groeien'. Vandaar dat Mozes op sommige oude schilderijen met hoorns wordt afgebeeld.

Ik verkondig hier geen dogma ofzo. Het is gewoon heel interessant en zet je aan het denken over wat mogelijk is. De Bijbel is veel vreemder dan wij ons realiseren. Bill Johnson moet altijd lachen als voorgangers zeggen: 'Ik wil alleen wat in de Bijbel staat.' Hij zegt dan: 'Weet je dat zeker?' De Bijbel is echt vreemd.

Als wij kijken naar de levens van de heiligen, vinden wij honderden verhalen waarin deze metamorfose wordt beschreven. Vaak wordt verteld hoe hun gezichten straalden of dat ze op engelen leken. Het volgende verhaal gaat over de Katholieke St. Bernardino Realino. Hij onderging een transfiguratie terwijl hij in extase was.[2]

> *Een buitengewone glans transformeerde zijn gezicht. Sommigen verklaarden dat ze vonken als van vuur uit zijn hele lichaam hadden zien komen. Anderen vertelden dat het schijnsel van zijn gezicht hen meerdere keren had doen duizelen. Zij konden zijn gelaatstrekken niet meer onderscheiden en moesten de andere kant opkijken omdat het pijn deed aan hun ogen.*

Zo nu en dan vind je een metamorfose verhaal dat helemaal de perken te buiten gaat. Dit is één van mijn favorieten. Het komt uit het leven van St. Patrick in Ierland. Het is inspirerend![3]

> *Er wordt verteld dat St. Patrick en zijn mannen op weg waren naar het hof van de koning. St. Patrick kwam erachter dat de Keltische druïden hem in een hinderlaag wilden lokken. Terwijl de heilige en zijn volgelingen onderweg waren, proclameerden zij het Lorica gebed, ook bekend als 'Roep van het hert'.*
>
> *Later werd dit gebed bekend als het borstplaat gebed van St. Patrick, hoewel het niet helemaal zeker is dat de heilige het ook daadwerkelijk geschreven heeft. Volgens de mythe hebben de druïden de heilige en zijn volgelingen niet voorbij zien gaan. Zij zagen slechts een hert met 20 hinden.*

Ik heb wel eens gezien hoe iemand van gedaante veranderde. Niet zo drastisch als Patrick, maar wel vlak voor mijn neus. Het was een jonge profeet. Ik zag zijn gezicht veranderen. Het zag eruit als het gezicht van Jezus. Zijn haar werd langer en de vorm van zijn ogen en neus veranderde. Hij kreeg zelfs een baardje. Ik stond perplex!

Voor ik goed en wel besefte wat er gebeurde, was zijn gezicht weer normaal. De uiterlijke vorm van Jezus verdween op slag. Ik was zo ondersteboven dat ik het aan niemand vertelde, zelfs niet aan de jonge profeet zelf. Ik kon het niet bevatten. Echt een wonder!

Sinds die tijd ben ik dit fenomeen vaker tegen gekomen. Ik heb het zelfs in mijn eigen lichaam meegemaakt. Toen ik eens aan het spreken was in Wales, veranderde mijn gezicht tijdens het seminar. De aanwezigen waren stomverbaasd. Ze zeiden dat ik er als iemand anders uitzag. Zelfs mijn moeder zei dat ik niet op mijzelf leek. Ze vond het moeilijk te beschrijven, maar ik wist dat het de Heer was. Ik had het niet in de gaten toen dit gebeurde. Ik ging volledig op in God.

Misschien is dit ook wel wat Stefanus in het boek Handelingen overkwam.

> *En allen die in de raad zaten, hielden hun ogen op hem gericht en zagen zijn gezicht als het gezicht van een engel.*
>
> Handelingen 6:15 HSV

Op de één of andere manier zag het gezicht van Stefanus er anders uit. Sommige vertalingen zeggen dat ze naar hen staarden (AMPC), geboeid door zijn uiterlijk. Het is een vreemd Schriftgedeelte.

Grant Mahoney is een internationaal spreker en een goede vriend van mij. Hij heeft ervaren dat de duisternis ook over deze krachten beschikt. Hij zag met eigen ogen hoe een toverdokter van gedaante wisselde. Dit verhaal vertelt hij op één van onze podcasts, genaamd 'Sonship' (gratis online te beluisteren):[4]

> *We waren op zendingsreis. Wij hoorden buiten de tent iemand lachen, dus ik stak mijn hoofd naar buiten en daar zag ik een hyena. Ik deed het bijna in m'n broek! Wij waren met 4 of 5 man en wij zagen die hyena allemaal. Wij bestraften het beest en terwijl wij dat deden veranderde het in een toverdokter die hard wegrende. Dit zijn reële dingen.*

Zoals met alle goede dingen, is er een satanische tegenhanger. De satan wil niets liever dan stelen en verdraaien. Hij misbruikt de potentie in de geestelijke wereld voor zijn eigen egoïstische doeleinden. Ze zijn in staat om sommige spirituele wonderen te doen, zoals de Egyptische tovenaars *(Exodus 7:8-11)*. Maar de tijd breekt aan dat de zonen van God hun krachten in alle opzichten zullen overtreffen. Dan zal de duisternis moeten toegeven:

> *Dit is de (bovennatuurlijke) vinger van God*
>
> Exodus 8:19 AMP

Voorloper Grant Mahoney is daar nu al mee bezig. Voordat je het volgende verslag leest moet je weten dat Grant een zeer integere man is. Hij wandelt in intimiteit met de Vader. Jezus is alles voor hem, bovendien vertrouw ik hem volkomen. Daarom geloof ik dit persoonlijke getuigenis van hem.

> *Wij gaan dingen doen die erg choquerend zullen zijn voor mensen. Ik heb dit zelf al zes keer meegemaakt. De aanleiding was steeds dezelfde: vrouwen stonden op het punt verkracht te worden. Door de Geest was ik dan op bovennatuurlijke wijze aanwezig.*
> *Ik veranderde in een beer en verjoeg de verkrachters. Het is mij ook nog twee keer overkomen toen mijn eigen leven bedreigd werd. Ik veranderde opnieuw in een beer en de dreiging verdween. Heb ik daar een kader voor? Nee, het gebeurde gewoon. Ik kan het niet uitleggen.*

Verbluffend! Dat is gerechtigheid. Redden, beschermen, bevrijden dat klinkt volgens mij als de hemel!

Grant is niet de enige die deze metamorfose ervaringen heeft. Ik heb op mijn reizen ook anderen ontmoet die dergelijke dingen meemaakten. Zij hebben gevraagd anoniem te blijven, ze blijven liever onbekend en hun verhalen blijven verborgen. Ik respecteer dat.

Ik realiseer mij hoe grensverleggend dit allemaal is. De Bijbel zelf vertelt ons dat er nieuwe dingen komen die 'geen oog heeft gezien en geen oor heeft gehoord' *(1 Korinthe 2:9)*. Wij moeten ons aanpassen aan de Duif wanneer die zich buiten de gebaande wegen begeeft en nieuw gebied ingaat. Vergeet niet 'Bij God zijn alle dingen mogelijk' *(Mattheüs 19:26)*.

De Heer heeft mij door middel van profetische ervaringen een aantal van de toekomstige veranderingen laten zien. Ik heb gezien hoe sommige zendelingen in één ogenblik naar moslimlanden getransporteerd zullen worden. Ze zullen menigten in hun eigen taal en met dezelfde etniciteit als hun toehoorders toespreken. Er zullen opnieuw overtuigende bewijzen zijn dat mensen uit de dood opstaan waardoor vele zonen de heerlijkheid zullen ervaren.

Ik kreeg ooit een visioen dat ik als een soort trance ervoer. Daarin liet de Heer mij een majestueus wezen vol van licht zien. Het had de vorm van een mens en het fonkelde van kleurrijke energie. Het zag eruit als levende, amberkleurige schittering met de gratie van muziek en gekleurde linten van licht. Ik besefte toen ik ernaar keek dat ik nog nooit zoiets gezien had. Het was uniek. Vol ontzag keek ik ernaar. Volkomen gebiologeerd.

De Heer zei: 'Weet je wat dat is?' Ik wist het niet. Hij zei: 'Het is de schoonheid van de menselijke geest.' Hij pauzeerde zodat ik het even kon verwerken. Toen deed Hij deze indrukwekkende uitspraak: 'De menselijke geest heeft een onbegrensde capaciteit om te groeien.'

De gevolgen daarvan drongen langzaam door tot in mijn hart. Hij liet mij door openbaring zien dat wij zullen blijven groeien en groeien, zelfs voorbij engelen en andere creaties. Wij zijn het kroonjuweel van de kosmos. Zijn bruid. Ze is met niets te vergelijken.

Ik vroeg de Heer om een tekstgedeelte hierover. Het was weliswaar een hele indrukwekkende ervaring, maar ik vind het fijn als ik dingen terugvind in het Woord. Ik heb ontdekt dat Papa mij graag Schriftgedeeltes geeft. Hij zei: 'Dat is makkelijk: het staat in 1 Johannes 3:2!' In mijn eigen woorden staat daar:

*Nu zijn wij zonen van God...en wat wij zullen zijn, weten wij nog niet.*

Wauw! Nu zijn wij zonen, en wat wij zullen zijn weten wij nog niet! Denk daar eens over na! Niemand van ons weet wat ons werkelijk te wachten staat. Onze toekomst is glorieus. Dat vind ik fantastisch!

We lezen het nog een keer in de Message vertaling:

> *Maar vrienden, dit is exact wat wij zijn: kinderen van God. En dat is nog maar het begin. Wie weet waar wij uit gaan komen! Wat wij weten is dat wij Christus zullen zien als Hij openlijk onthuld wordt, en dat wij Hem ziende, zullen worden zoals Hij. Iedereen die uitziet naar Zijn komst, blijf paraat, met de glinsterende reinheid van Jezus' leven als voorbeeld voor ons eigen leven.*
>
> *1 Johannes 3:2 MSG*

Alles wat wij weten is dat ons huidige lichaam slechts een zaad is. De boom wordt veel groter.

> *En er zijn hemelse lichamen en er zijn aardse lichamen, maar de heerlijkheid van de hemelse is verschillend, en die van de aardse is verschillend, want de ene ster verschilt in glans van de andere ster. De eerste mens is uit de aarde, stoffelijk; de tweede Mens is de Heere uit de hemel. Zoals de stoffelijke is, zo zijn ook de stoffelijke mensen, en zoals de hemelse is, zo zijn ook de hemelse mensen. En zoals wij het beeld van de stoffelijke gedragen hebben, zo zullen wij ook het beeld van de hemelse dragen.*
>
> *1 Korinthe 15:40, 47-49 HSV*

Dit kunnen wij niet bevatten! Het is geen wonder dat wij dronken zijn van vreugde! Het Evangelie wordt groter en groter naarmate je er meer van drinkt!

> *Wij zijn volkomen vereenzelvigd met de nieuwe schepping, vernieuwd in kennis naar het patroon van de exacte beeltenis van onze Schepper.*
>
> *Kolossenzen 3:10 MIR*

Onze lichamen bepalen onze identiteit niet meer.

---

Referenties:

[1] David Adam, Walking the Edges, Living in the Presence of God. Society for promoting Christian Knowledge, Bookmarque Ltd (2003)
[2] Joan Carroll Cruz. Mysteries, Marvels, Miracles in the Lives of the Saints. Tan Books and Publishers (1997)

Referenties:

[3] Cassandra Eason, Fabulous Creatures, Mythical Monsters, and Animal Power Symbols: A Handbook. Greenwood Publishing Group (2008)
[4] Gratis beschikbaar op http://companyofburninghearts.podomatic.com

# DIMENSIONALE VERSCHUIVINGEN

*God wil dat we begrijpen en geloven dat we in werkelijkheid meer in de hemel dan op aarde zijn*

*Julian van Norwich*[1]

Het is Gods bedoeling dat elke beperking die wij onszelf als mensen hebben opgelegd, doorbroken zal worden. Dit zal gebeuren door geestelijke pioniers. Zij zullen een revolutie van geestelijke technologie bewerken. De impact is vergelijkbaar met de industriële revolutie. Het eindresultaat zal een glorieus tijdperk van vrede en vooruitgang voor de hele aarde zijn.

Eén van de beperkingen die doorbroken moet worden heeft te maken met ons menselijk lichaam. In onze fysieke vorm zijn wij als het ware krijgsgevangenen van deze zichtbare dimensie. Tot nu toe is het altijd normaal geweest dat ons lichaam hier blijft, wanneer wij met onze geest naar de hemel gaan of over de aarde bewegen. Dit gaat echter veranderen.

Vanaf het allereerste begin zijn wij gemaakt om multidimensionaal te leven. Net zoals de Jakobsladder zijn wij voorbestemd om poorten en deuren (meervoud) te zijn. Deze geven toegang naar de verschillende niveaus in de multidimensionale wereld.

> *Machtige poorten, hef jullie hoofden op! Oeroude deuren: kom omhoog!*
> *Psalmen 24:7 CEB*

Henoch is een sleutelfiguur voor deze tijd. Hij was de zevende vanaf Adam. Zeven is het getal van het einde, de vervulling, rust, het goddelijke. Henoch was in staat zijn lichaam letterlijk in de Geest te huisvesten. Hij werd voor lange periodes naar de hemel meegenomen. Uiteindelijke verdween hij uit de zichtbare dimensie en was hij in staat om door geloof in meerdere dimensies te wandelen.

| *Door geloof werd Henoch weggenomen* | *Hebreeën 11:5 NKJV* |
|---|---:|
| *...opgetrokken* | *AMP* |
| *...overgezet* | *DAR* |
| *...weggehaald* | *DLNT* |
| *...overgezet* | *KJV* |

Uiteindelijk versloeg Henoch de dood. Nu leeft hij als een *'eeuwig levende'*. Een oude ziel in een vernieuwd lichaam, fris als de jeugd. Getransformeerd naar geest, ziel en lichaam. Transcendent.

Hij laat ons iets zien van wat het betekent om *'Bovenmenselijk'* te leven. Onsterfelijk, eeuwig jong, transdimensionaal en vol van de Geest. Henoch laat ons zien dat het mogelijk is de dood te overstijgen.

Tot nu toe zit de kerk grotendeels opgesloten in deze lagere dimensie. Krijgsgevangene van het zichtbare. Onze lichamen zijn beperkt gebleven. Dit gaat veranderen!

Laten wij het eens onderzoeken. Hoe ver zouden wij kunnen gaan?

We kijken nog een keer naar Jezus, de enige perfecte blauwdruk. Jezus beïnvloedde dimensies zowel in de Geest als in het lichaam. Hij was in staat, wanneer dat nodig was, zijn lichaam uit het zichtbare en in het onzichtbare te trekken.

Het volgende verhaal komt uit het Evangelie van Johannes. Er is een boze, religieuze menigte die Jezus wil doden. Ze pakten zelfs al stenen op om Hem in de tempel te stenigen. Jezus kon zich niet verbergen of wegrennen. Hij kon nergens heen, Hij was omsingeld. Hoe zou Hij zich hier uitredden?

> *Zij namen dan stenen op om ze op Hem te werpen. Maar Jezus verborg Zich en ging de tempel uit:*
>
> Johannes 8:59 HSV

> *Ze pakten stenen op om naar hem te smijten, maar Jezus verdween.*
>
> Johannes 8:59 PHI

Hij ontsnapte aan de boze menigte door te verdwijnen. Hij schoof een dimensie op. Net als de engelen was Hij nog steeds op aarde, maar niet in dezelfde dimensie! Ik durf te wedden dat het zo snel ging dat de mensen het niet konden volgen. Ze waren stomverbaasd!

Jezus verdween niet alleen. In deze ongewone staat ging Hij dwars door objecten heen en zelfs dwars door mensen.

> *Hij ging door hun midden, en zo ging Hij weg.*
>
> Johannes 8:59 YLT

Hij leefde vanuit de *'Boeken van de hemel'* (Psalm 139:16) met een niet te stoppen kracht. Het was Zijn tijd nog niet om te sterven. Hij kon niet tegengehouden worden totdat Hij aan het kruis hing. Hij leefde samengesmolten met de hemel in een hogere waarheid dan zichtbaar licht.

Dit was niet de enige keer dat Jezus zoiets deed. Jezus dreef de religieuze massa tot waanzin met Zijn onderwijs. Hij zei niet wat ze graag wilde horen en daagde hen publiekelijk uit. Hij maakte hen witheet. Op een gegeven moment grepen ze Hem en gooiden Hem de stad uit. Moet je zien wat er toen gebeurde.

> *...en zij stonden op, dreven Hem de stad uit en brachten Hem op de top van de berg waarop hun stad gebouwd was, om Hem van de steilte af te werpen.*
> 
> *Lukas 4:29 HSV*

Je kunt niet kalmpjes aan door een bloeddorstige massa religieuze aasgieren wandelen. Ze waren over de rooie en klaar om toe te slaan. Het moet een heel dramatisch moment zijn geweest. Zouden de discipelen hebben gedacht dat het nu afgelopen was met Jezus? Was dit het einde?

Moet je voorstellen hoe ze aan de grond genageld stonden toen Jezus opnieuw een dimensie opschoof. Was Hij onzichtbaar of deels zichtbaar? Zag Hij eruit als een geest? Wij weten alleen dat hij dwars door hen heen liep.

> *Maar Hij liep midden tussen hen door en ging weg.*
> 
> *Lukas 4:30 HSV*

Dat klinkt zo aardig: Hij liep dwars door hen heen. Waarschijnlijk zijn ze zich kapot geschrokken!

Waarom laten ze dit nou nooit in Hollywood Jezus films zien?

Dan is er nog die keer dat Jezus niet alleen een dimensie opschoof. Hij verplaatste zich zo snel tussen de verschillende dimensies, dat Hij er als een hologram uitzag. Hij zweefde als een Geest boven het water. Hij versloeg letterlijk de zwaartekracht.

> *Toen de discipelen Jezus op het water zagen wandelen, dachten ze dat Hij een geest was en ze begonnen te gillen. Ze zagen hem allemaal en waren doodsbang. Maar op dat moment zei Hij: 'Geen stress! Ik ben Jezus. Niet bang zijn.'*
> 
> *Markus 6:49 CEV*

Hij zag eruit als een geest, transparant, niet echt hier, transdimensionaal.

Naar mate wij dieper en dieper drinken van de eenheid met het Wezen van God, gaan er verbluffend mooie dingen gebeuren met ons lichaam. De frequentie van ons lichaam gaat veranderen zodat wij werkelijk *'niet van hier'* zijn, wij zijn *'niet van deze wereld'*.

Ik noem dat: 'Wij zijn hier verborgen en daar onthuld.'

Zoals de Engelse mysticus Julian van Norwich al zei: 'We zijn meer in de hemel dan op aarde.'[2]

Wanneer wij *'verdwijnen'* dan nemen wij ons lichaam mee naar een wereld in een andere dimensie. De wereld waar de engelen wandelen en waar de wolk van getuigen zichtbaar is. Wij worden erdoor omringd. Deze wereld omvat alles.

Het zal je misschien verbazen maar sommige heiligen konden in- en uitfaseren wanneer ze dat wilden. Ze begrepen de spirituele technologie die erachter zit. Eén van die *'verdwijnende'* heiligen was Francis van Paola. Hij stond bekend als een grote wonderdoener. In dit verhaal kwam hij na een bezoek aan de gouverneur klem te zitten in een massa enthousiaste volgelingen. Hij kon geen kant meer op.[3]

> *Toen hij op het punt stond te vertrekken, wemelde het van de mensen rondom het paleis van de gouverneur. Iedereen wilde Julian zien en bij hem in de buurt komen. In hun grote enthousiasme trokken de mensen zelfs stukken van zijn kleding. Verrassend genoeg liet de heilige dat gewoon toe.*
> *God vernieuwde zijn kleding net zo snel als het werd afgescheurd. Zelfs nadat vele tientallen mensen stukjes van zijn kap en tuniek hadden afgescheurd, waren die beide wonderbaarlijk genoeg nog heel. De omstanders waren enorm verbaasd.*
> *Het bleek onmogelijk om door het gedrang van de mensen op het plein heen te komen. De heilige voelde zich er ongemakkelijk bij, zo op een voetstuk gezet te worden. Tot grote verwarring van de menigte verdween hij opeens, vlak voor hun neus. Het ene moment was hij er nog, het volgende moment was hij vertrokken. Zijn metgezellen waren verbaasd toen zij hem buiten de muren aantroffen. Hij stond op hen te wachten, klaar voor de reis.*

Ik houd van de nederigheid van de heiligen. Zij waren niet op zoek naar roem, maar ze leefden voor Gods glorie.

Nog een geliefde katholieke heilige is St. Gerardus Majella. Hij leefde met grote kracht een *'Kainos'* leven. Dit is nog een verhaal uit het hetzelfde boek van Joan C. Cruz.[4] Wat mij betreft is dat boek echt een aanrader.

> *De heilige was in het klooster te Caposele. Hij had toestemming om zich een dag lang terug te trekken in zijn kamer voor gebed en overdenking. Wat later had Vader-Abt hem nodig en stuurde iemand om hem te halen. De heilige was nergens te vinden. Iedereen in het huis ging naar hem op zoek. Op een gegeven moment riep Dr. Santorelli, de huisarts van het klooster: 'We zijn broeder Gerardus kwijt!'*

> Dr. Santorelli nam één van de broeders met zich mee om nog een keer te zoeken. Ze gingen naar de kamer van de heilige, die ongeveer drie bij drie meter groot was. Er stond alleen een simpel bed in en een klein tafeltje, verder geen meubilair waar hij achter zou kunnen zitten. Hij was nergens te vinden.
> Uiteindelijke realiseerde één van de broeders zich dat hij zeker terug zou komen voor de heilige communie, dus ze wachtten af.

Ha! Fantastisch! Het avondmaal is het perfecte lokaas voor een heilige! Daar komen ze zeker voor tevoorschijn!

Het verhaal gaat verder:

> Precies zoals verwacht was de heilige op dat moment weer aanwezig. Toen men hem vroeg waar hij geweest was, zei hij: 'In mijn kamer.' Men vertelde hem waar ze allemaal naar hem gezocht hadden, maar hij reageerde niet. Toen ze hem dwongen te vertellen wat er gebeurd was legde hij uit: 'Ik was bang dat ik afgeleid zou worden tijdens mijn retraite, daarom vroeg ik aan Jezus Christus de genade om onzichtbaar te worden.'

Dr. Santorelli was nog steeds heel nieuwsgierig en bleef St. Gerardus maar vragen stellen.

> St. Gerardus nam de dokter bij de arm en nam hem mee naar zijn cel. Hij wees naar het kleine krukje waar hij al die tijd op had gezeten, terwijl men hem aan het zoeken was. Toen fluisterde de heilige tegen de dokter: 'Soms maak ik mezelf heel klein.'

Dit wonder werd lokaal zo bekend dat de kinderen 'Broeder Gerardus' speelden als ze verstoppertje gingen doen. Kun je je voorstellen dat dit vandaag ook gaat gebeuren? Ik wel. Ik ben ervan overtuigd dat het eraan komt. Wij zullen weer versteld staan.

Op sommige plaatsen zijn deze wonderen zelfs al begonnen. Misschien heb je wel eens iets gelezen over broeder Yun in China? In zijn boek 'The heavenly man' vertelt hij een verbazingwekkend verhaal over zijn ontsnapping uit de gevangenis.[5]

> Op de één of ander manier leek God de bewaker te verblinden. Hij keek mij recht aan, maar zijn ogen registreerden mijn aanwezigheid totaal niet. Ik verwachtte dat hij iets zou zeggen, maar hij keek dwars door mij heen alsof ik onzichtbaar was. Hij zei geen woord. Ik liep hem voorbij en keek niet om. Ik wist dat ik elk moment in de rug geschoten kon worden...Ik liep de trap af, maar niemand hield mij tegen en geen van de bewakers zei iets tegen me!

Op klaarlichte dag liep hij langs verschillende bewakers zo de hoofdingang uit. Verbazingwekkend! Er was nog nooit iemand ontsnapt uit deze streng bewaakte gevangenis. Het was een wonder!

Dimensionale verschuivingen zijn niet alleen maar voor de vervolgde Chinese kerk. Het gebeurt ook in de westerse wereld. Michael van Vlijmen schrijft in zijn boek 'Supernatural Transportation' over een ongelooflijke situatie: Hij liep door een mensenmenigte heen.

Michael schrijft:[6]

> *Op een avond was ik in gebed en opeens bevond ik mij op het terrein van een buitenluchtconcert vlakbij ons huis. Er waren veel jonge mensen daar, die overduidelijk dronken waren, of stoned of allebei. Ik zag groepen mensen mijn kant oplopen en ik had de indruk dat ik er tegenin moest lopen, dus dat deed ik.*
> *In het begin probeerde ik hen te ontwijken en mijn weg er tussendoor te vinden, tot ik mij realiseerde dat ik gewoon dóór hen heen liep. Toen ik mij dat bedacht had, deed ik niet langer mijn best hen te ontwijken. Ik liep dwars door ze heen. Het was duidelijk dat veel van hen zichtbaar van slag waren door die ervaring. Waarschijnlijk dachten ze dat het door de alcohol en de drugs kwam.*

Waarom zou God zoiets bizars doen? Michael geloofd dat het was om mensen uit hun verslaving te trekken. Het was absoluut een krachtige manifestatie van genade om sluimerende harten wakker te maken.

Ik geloof dat dat soort tekenen en wonderen toe gaan nemen. Wij komen in een tijdperk van ontzetting en ontzag. De vreugde en de vrees van de Heer komt opnieuw over ons. Zoals Hosea profeteerde:

> *Zij zullen de Heer en Zijn goedheid vrezen in de laatste dagen.*
> Hosea 3:5 NKJV

En het gebeurt nu al! Nancy Coen[7] is een voorloper die op een keer door de Geest naar een satanische nachtclub werd gestuurd. Het was één van de donkerste plaatsen die je je voor kunt stellen, vol met demonische mensen. Toen ze binnen was draaide iedereen zich naar Nancy om. Ze stond daar voor die groep en begon te huilen en te kreunen in diepe voorbede voor deze mensen. Nancy voelde het kreunen van de schepping door haar wezen razen (Romeinen 8:22). Ze kon alleen maar huilen. Ze liep naar buiten met het gevoel dat ze gefaald had.

Twee jaar later ontmoette Nancy de (voormalige) hogepriesteres van die nachtclub. Zij vertelde Nancy wat er precies gebeurd was. Terwijl Nancy huilde verdween ze. Vervolgens kwam ze vlak voor de satanisten terug, als een schitterend en verblindend licht. Het bovennatuurlijke licht verblindde de hogepriesteres letterlijk.

Haar vrienden raakten in paniek en wilden haar naar de spoedeisende hulp brengen. Ze wilde echter naar huis gebracht worden want zij wist dat het Jezus was. Thuis heeft God haar genezen zodat ze weer kon zien en bevrijd. Ze werd compleet getransformeerd. In de twee jaar daarna, leidde ze de meeste van de satanisten uit haar club naar Jezus. Ze is nu een invloedrijke profetes. Verbluffend!

In dit komende tijdperk zal er van een normale gang van zaken geen sprake meer zijn.

> *De eerste Adam ontving leven,*
> *de laatste Adam is een leven gevende Geest.*
>
> 1 Korinthe 15:45 MSG

De gevolgen van het Evangelie zijn overweldigend!

Het Leven zal de dood verzwelgen.

---

Referenties:

[1] Julian van Norwich. Citaat beschikbaar op http://jordan-denari.com/2013/11/08/more-in-heaven-wisdom-from-julian-of-norwich/.

[2] Ibid.

[3] Joan Carroll Cruz. Mysteries, Marvels, Miracles in the lives of the Saints. Tan Books and Publishers (1997)

[4] Ibid

[5] Broeder Yun met Paul Hattaway, The heavenly man: The Remarkable True Story Of Chinese Christian Brother Yun. Monarch Books (2002)

[6] Michael van Vlymen, Supernatural Transportation, Moving Through Space, Time and Dimensions for the Kingdom of Heaven. Ministry Resources (2016)

[7] Onderwijs van Nancy Coen, beschikbaar via Benji Fiordland op www.revival-schoolnz.com

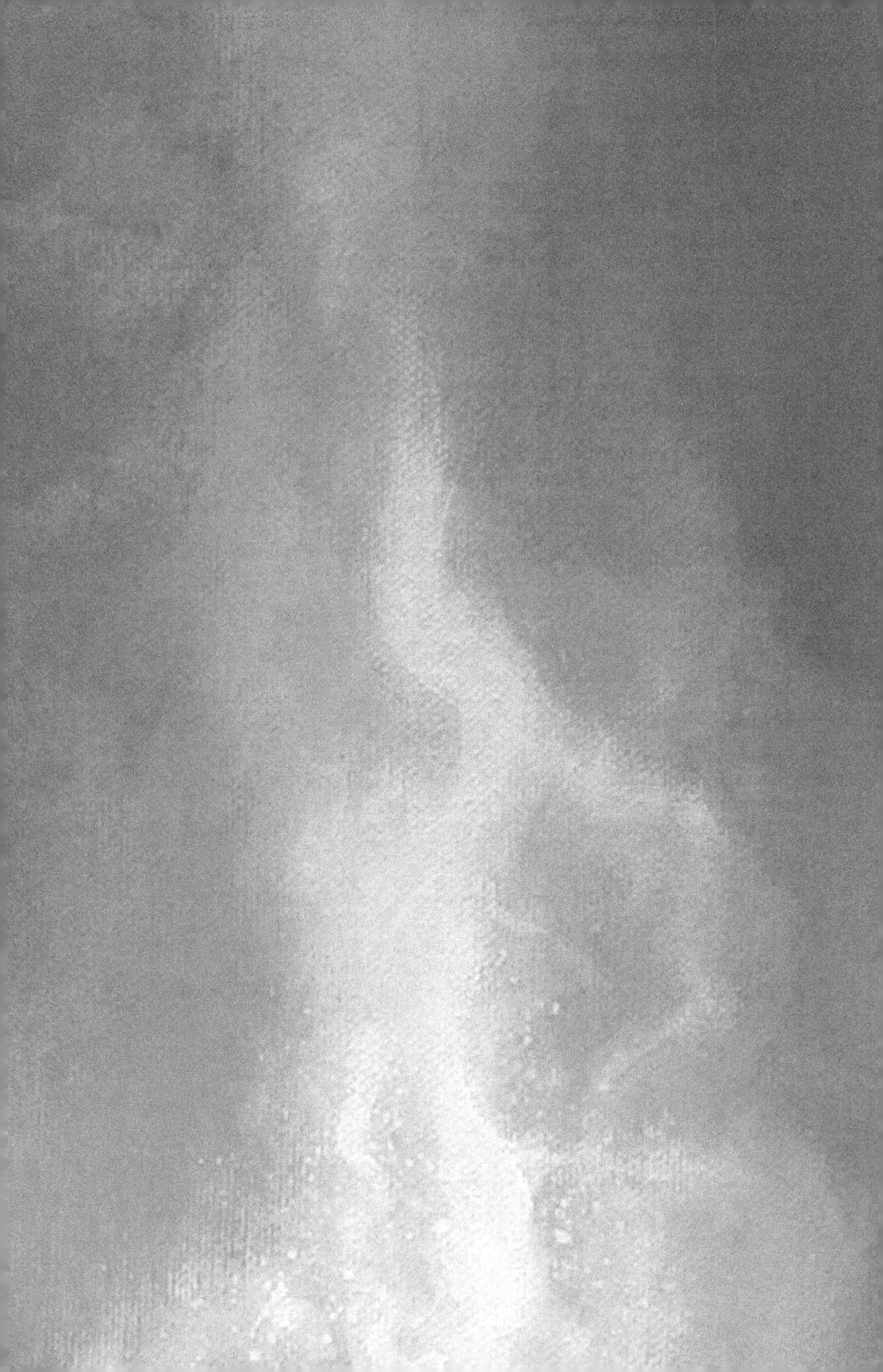

# INEDIA
# LANGDURIG VASTEN

*En intussen vroegen de discipelen Hem: 'Rabbi, eet toch iets.' Maar Hij zei tegen hen: 'Ik heb voedsel te eten waarvan u geen weet hebt.' De discipelen dan zeiden tegen elkaar: 'Iemand heeft Hem toch niet te eten gebracht?'*

*Johannes 4:31-33 HSV*

Begin je al een beetje door te krijgen welke wonderen het Evangelie ons biedt? Het is echt wonderbaarlijk. Wij zullen er altijd van blijven genieten en steeds weer op onderzoek gaan. Engelen hebben er ontzag voor!

Hoe meer ik het mystieke gebed ervaar en aanhaak in de hemelse dimensies, hoe meer mijn denken verandert. Allerlei aannames over mijn lichaam, verstand, geest, afstand, dimensies, intellect en dergelijke, heb ik moeten herzien.

In het Samen-Leven met God is er met ons allemaal iets onbeschrijfelijk moois gebeurd. Wij beginnen de gevolgen van het Evangelie nog maar net te ontdekken. In Christus zijn wij volledig geherdefinieerd. Laat dit eens op je inwerken:

*De termen samen-gekruisigd en samen-levend definiëren mij nu. Christus in mij en ik in Hem.*

*Galaten 2:20 MIR*

Menselijke definities dekken de lading niet meer. Wie wij ooit waren is over en uit. Wij zijn samen-gekruisigd en gestorven. Het nieuwe *'samen-leven'* is gekomen. Laten wij God toestaan ons oude denken te vernieuwen en te verlichten met het Evangelie. De manier waarop wij denken verandert de wereld die wij zien. Er zijn meer mogelijkheden te ontdekken.

Laten wij nog eens bekijken wat het betekent om *'Bovenmenselijk'* te leven. Ik wil de afhankelijkheid van aardse voedselvoorzieningen, eten en drinken, ter discussie stellen.

Wij gaan het hebben over beperkingen. Wij beginnen bij de Samaritaanse vrouw. Dit verhaal hebben wij ook besproken in het hoofdstuk *'Doordrenkt met kennis'*. Ik wil het verhaal nu vanuit een ander perspectief bekijken. Wij weten dat Jezus in dit verhaal de tijd neemt om een gebroken vrouw te herstellen. Ze was helemaal ontdaan en rende weg om het aan iedereen in de stad te vertellen.

> *En op dat moment kwamen Zijn discipelen en zij verwonderden zich dat Hij met een vrouw sprak. Toch zei niemand: Wat zoekt U? Of: Wat spreekt U met haar?*
> *De vrouw nu liet haar waterkruik staan en ging weg naar de stad en zei tegen de mensen: Kom, zie Iemand Die mij alles gezegd heeft wat ik gedaan heb; zou Híj niet de Christus zijn? Zij dan gingen de stad uit en kwamen naar Hem toe.*
> *En intussen vroegen de discipelen Hem: Rabbi, eet toch iets. Maar Hij zei tegen hen: Ik heb voedsel te eten waarvan u geen weet hebt.*
>
> Johannes 4:27-32 HSV

Jezus was 'vermoeid van de reis' maar had plotseling bovennatuurlijke goddelijke energie. De discipelen kenden Jezus goed genoeg om te zien dat Hij opgefrist was. Ze vroegen zich af of iemand Hem soms te eten had gegeven. Ze waren verbouwereerd *(Johannes 4:1-42)*.

We weten dat Jezus van feestjes hield en dat Hij vrolijker was dan wie dan ook (Hebreeën 1:9). Hij kon eten en drinken en hield van tafelen. De religieuzen zeiden van Hem dat Hij een 'drinker' was, dus Hij lustte wel een glaasje (Lukas 7:34). Toch lijkt het erop dat eten ging om plezier, maar niet noodzakelijk was om te leven. Jezus kon ook zonder.

> *Ik heb voedsel te eten waarvan u geen weet hebt.*

Hier is een mystiek geheim verborgen. Let goed op.

Op het moment dat Jezus bij de bron zat en de Vader gehoorzaamde, werd het Leven van de Geest in Hem gegoten. Hij zei:

> *Mijn voedsel is dat Ik de wil doe van Hem die Mij gezonden heeft en Zijn werk volbreng.*
>
> Johannes 4:34 HSV

Jezus was vol en verzadigd door de wil van de Vader te gehoorzamen. Bijgevuld met vreugde!

Deze mogelijkheid is er ook voor ons. Wij kunnen boven de afhankelijkheid van voedsel leven. Het is choquerend, ik weet het! Lees nog even door, dan zal ik het uitleggen.

Deze *'Kainos'* mogelijkheid wordt ook *'Inedia'*[1] genoemd en het gaat hierbij niet om afzien. Nee! Het gaat om een *'feestmaal'* in een andere dimensie. Wij eten en drinken in een verborgen realiteit. Wij hebben toegang tot de boom des levens *(Openbaringen 2:7)*! Wij zijn dik en vrolijk van het vet van het Lam!

> *Christus, Gods lam, is voor ons geslacht. Laten wij van hem smullen.*
> *1 Korinthe 5:7-8 TLB*

> *Want ook ons Paaslam is voor ons geslacht: Christus. Laten wij dus feestvieren.*
> *1 Korinthe 5:7-8 HSV*

> *Zij zullen meer dan tevreden zijn met het vet van Uw huis.*
> *Psalmen 36:8 AMPC*

Ik hou van het botervette Evangelie van Jezus Christus! Het is mijn favoriete boodschap als ik op reis ben. Het Evangelie is geen vasten maar een mystiek feestmaal. Zijn lichaam is echt voedsel.

> *En Jezus zei tegen hen: Ik ben het Brood des levens; wie tot Mij komt, zal beslist geen honger hebben, en wie in Mij gelooft, zal nooit meer dorst hebben...Want Mijn vlees is het ware voedsel en Mijn bloed is de ware drank. Wie Mijn vlees eet en Mijn bloed drinkt, blijft in Mij en Ik in hem.*
> *Johannes 6:35-58 HSV*

Meer dan enige andere generatie, zal deze generatie zich bewust zijn van het volbrachte werk van Jezus Christus. Wij zullen de belofte van mystieke eenheid in het Evangelie gaan begrijpen. Wij zullen volwassen worden en leven met alle consequenties van het samen-ingesloten zijn in Christus.

Als wij één worden met Hem, wordt het onmogelijke mogelijk.

Mozes stond wekenlang op de berg in de donkere wolk van Gods aanwezigheid. Zo zullen ook wij ondervinden dat Zijn aanwezigheid ons lichaam beter in stand houdt dan welk aards voedsel dan ook.

> *Mozes ging de wolk binnen en klom de berg verder op. En Mozes was veertig dagen en veertig nachten op de berg.*
> *Exodus 24:18 HSV*

Er zit energie in eenheid met onze Schepper. In Hem hebben wij toegang tot een eindeloos leven.

Ik heb daar iets van meegemaakt. Plotselinge golven van bovennatuurlijke energie die dagenlang bleef hangen. Nadat ik wakker werd moest ik rennen en rennen om alle energie kwijt te raken en te verbranden. Als ik preek krijg ik vaak zoveel energie dat ik heen en weer moet lopen. Soms ren ik zelfs door de zaal en maar ik gekke geluiden, want mijn blijdschap moet eruit. Ik heb vaak meer energie aan het eind van de nacht dan aan het begin.

Ik heb ondervonden dat ik mij diep bewust wordt van God, wanneer ik in de geestelijke dimensies het geheimenisvolle avondmaal tot mij neem. Ik heb een vervulling gevoeld, een innerlijk welzijn dat moeilijk te beschrijven is. Het is alsof je steeds meer en meer vervuld wordt met volmaaktheid. De volmaaktheid van Liefde.

Zo nu en dan lijkt elke eetlust te verdwijnen en zegt eten mij niets meer. Ik heb vaak de uitnodiging, om tijdens een conferentie, na afloop van een avondsessie te gaan eten, afgeslagen. In plaats daarvan leer ik deze hongersensatie te koesteren. Ik doorbreek liever het voorgeprogrammeerde menselijk gedrag.

Ik hoop dat deze levensader in mij groeit totdat ik het weken op goddelijke energie vol kan houden, net zoals de heiligen dat deden. Er zit wel een prijskaartje aan. Je hebt gekozen om in Christus te leven. Je keert je naar Zijn liefde, constant levend in het bewustzijn van Zijn aanwezigheid.

Vele heiligen begrepen dit. Zij vonden het 'Mystieke geheim van God: Jezus Christus *(Kolossenzen 2:2 AMPC )*. John Crowder schrijft in zijn boek:[2]

> *Medisch gezien is het onmogelijk om langer dan vier dagen zonder water te leven, zonder aan uitdroging te sterven. Maar de mystici uit de kerk, in het bijzonder degenen die intense extases meemaakten, hebben inedia ondergaan, dat je nooit zou geloven als het niet zo goed gedocumenteerd was. Alexandria Maria da Costa leefde alleen op communie van 27 maart 1942 tot 13 oktober 1955. Dat is meer dan 13 jaar!*
> *De Duitse mystica en stigmata draagster Therese Neumann (1898-1962) is misschien wel het meest frappante hedendaagse voorbeeld. Zij leefde 40 jaar zonder eten en meer dan 35 jaar zonder water.*
> *Ze nam alleen communie. Alexandria en zij ervoeren geen nadelige gevolgen van dit vasten, hun lichamen scheidden ook geen afvalstoffen af.*

Ik heb vele verslagen gelezen over de Woestijnvaders en de Keltische heiligen. Zij leefden alleen op een minimaal dieet, in de wildernis of op kleine eilanden. Soms aten ze slechts één kleine maaltijd per dag, zonder daar onder te lijden.

In het volgende verhaal werden St. Brendan en zijn vrienden door de Heer geleid om op reis te gaan naar een klein eiland. Daar vonden ze een hele oude man die door God zelf verzorgd werd.[3]

> *Toen Brendan op de top van het eiland kwam, zag hij twee grotten met een waterval ervoor. Terwijl hij voor de grotten stond kwam er een grijsaard op hem af. 'Het is goed als broeders samenkomen', zei hij en vroeg Brendan de anderen uit de boot te roepen.*

> *Toen ze er waren begroette de oude man hen, kuste hen en noemde hen ieder bij zijn eigen naam. Het gezicht van de man straalde van glorie. Brendan was zó verbaasd over dit alles, dat hij huilde en snikte: 'Ik ben het niet waard een monnikspij te dragen'.*
>
> *Brendan vroeg aan Paulus (de kluizenaar) hoe hij op het eiland gekomen was en waar hij vandaan kwam. Paulus antwoordde: 'Ik ben opgegroeid in het klooster van Patrick, daar heb ik vijftig jaar gewoond. Ik was verantwoordelijk voor de begraafplaats van de broeders. Op een dag wees mijn Abt naar de zee en zei: 'Morgen ga je daar heen. Je zult een boot vinden die je zal brengen naar een plaats waar je zult blijven tot je sterft.'*
>
> *'Ik deed wat hij mij had opgedragen. Na drie dagen roeien liet ik de spanen los en liet de boot drijven en geleid worden door de Heer. Zeven dagen later kwam ik op dit eiland en hier ben ik gebleven en ik heb mij toegewijd aan gebed en voorbede.' Paulus ging verder: 'De eerste dag bracht een otter mij een vis. Sindsdien komt de otter elke derde dag met een vis. De beek en de waterval brachten mij water. Ik ben hier nu negentig jaar en vijftig bij Patrick. Ik ben nu 140 en wacht nog steeds op de dag van verantwoording.'*

Is dat niet verbazingwekkend!? Ik word uitgedaagd als ik deze verhalen lees. Deze mensen leefden 100% voor God, ondergedompeld in Hem. Levend in eenheid met hemel en aarde.

Ik denk dat het tijd is om te veranderen! Ik wil vrij zijn!

Broeder Yun (ook wel 'De hemelse Man' genoemd) werd in de tachtiger jaren gevangengenomen en bijna doodgeslagen. Onder smerige omstandigheden vastte hij 74 dagen. Hij at en dronk niet. De hele gevangenis en alle beveiliging wisten van dit ongelooflijke wonder.[4]

Toen zijn moeder en zijn vrouw hem uiteindelijk mochten zien, zei hij tegen hen dat hij hongerig was. Ze dachten dat hij voedsel bedoelde, maar hij zei dat hij honger en dorst had naar zielen. Dit is de dorst die Jezus aan het kruis had. Het verlangen dat de mensheid verzoend wordt.

De blauwdruk is Jezus. Heeft Hij in Zijn opgestane lichaam nog aards eten nodig? Wij weten dat Jezus kan eten en daarvan kan genieten. De Bijbel laat zien dat Hij na de opstanding met Zijn discipelen at.

> *En toen zij het van blijdschap nog niet geloofden, en zich verwonderden, zei Hij tegen hen: Hebt u hier iets te eten? En zij gaven Hem een stuk van een gebakken vis en van een honingraat. En Hij nam het aan en at het voor hun ogen op.*
>
> Lukas 24:41-43 HSV

Voedsel is goed. Wij zijn vrij om het te eten en ervan te genieten, maar wij moeten ons er niet door laten beperken.

Er verschijnt een hogere weg aan de horizon. Zo de Heere wil, als God het toestaat, zal er een generatie komen die deze menselijke beperkingen zullen overstijgen. Zelfs de aloude behoefte aan voedsel en slaap zal overwonnen worden. Wij zullen een hoger goddelijk leven leiden dat het lagere zichtbare leven in stand houdt.

> *U maakt voor mij de tafel gereed voor de ogen van mijn tegenstanders.*
> *Psalmen 23:5 HSV*

> *Wie overwint, hem zal Ik te eten geven van de boom des levens, die midden in het paradijs van God staat.*
> *Openbaringen 2:7 HSV*

> *Wie dorst heeft, zal Ik voor niets te drinken geven uit de bron van het water des levens.*
> *Openbaringen 21:6 HSV*

Dit is de *'Kainos'* manier van leven en denken: 'Geloven dat wij nu al kunnen proeven van de krachten van de komende wereld (Hebreeën 6:5).' Wij kunnen de toekomst hier en nu beleven.

Het is misschien nog niet 100% functioneel, maar wil je niet ontdekken hoeveel wij nu al kunnen zien? Hoe ver kunnen wij gaan? Ik weet voor mijzelf dat ik deze veranderingen in mijn leven wil zien.

Ik profeteer over jou en over hen die dit boek met een kinderlijk geloof lezen.

> *Hij leidt mij zachtjes naar stille wateren. Hij verkwikt mijn ziel.*
> *Psalmen 23:1-3 HSV*

Een generatie die verliefd is geworden op de Herder zal de Bron van Leven vinden. Uiteindelijk zal er een gezelschap van mensen zijn, die daadwerkelijk voor eeuwig zullen leven.

> *Zoals de levende Vader Mij gezonden heeft, en Ik leef door de Vader, zo zal ook wie Mij eet, leven door Mij. Dit is het brood dat uit de hemel neergedaald is; niet zoals uw vaderen het manna gegeten hebben en gestorven zijn. Wie dit brood eet, zal in eeuwigheid leven.*
> *Johannes 6:57-58 HSV*

Inedia kan niet bereikt worden met menselijke formules, natuurlijk vasten of wilskracht. Nee! Doe dat alsjeblieft niet! Zoals Jezus zei:

> *Ik kan van Mijzelf niets doen.*
>
> Johannes 5:30 HSV

Omdat ze in mystieke eenheid met Hem leefden, vonden de heiligen de stroom van Leven die hen onderhield.

> *Want bij U is de bron van het leven.*
>
> Psalmen 36:9 HSV

En nog een keer:

> *Maar wie gedronken heeft van het water, dat Ik hem zal geven, zal geen dorst krijgen in eeuwigheid, maar het water, dat Ik hem zal geven, zal in hem worden tot een fontein van water, dat springt ten eeuwigen leven.*
>
> Johannes 4:14 NBG51

St. Catharina van Siena[5] was zo vol van God, dat het voor haar haast onmogelijk was om te eten. Ze werd zelfs ziek als ze at. Haar eetlust verdween helemaal en ze leefde alleen van de dagelijkse communie.

Ik geloof met heel mijn hart dat er een groep mensen opstaat die deze boodschap echt uit gaat leven. Niet vanuit een ouderwets menselijk werken, maar omdat ze het *'Kainos'* leven ingetrokken worden, achter het voorhangsel. Het kan best zijn dat wij eten, maar wij zullen niet op dezelfde manier gevoed worden. Wij zullen de greep die voedsel op ons heeft verbreken.

Sterker nog, sommigen zullen zo vol van leven zijn dat ze zullen leven buiten het bereik van de dood.

> *Maar nu is (de buitengewone bedoeling en genade) volledig onthuld en wij zijn ons daarvan bewust door het verschijnen van onze Redder Jezus Christus, die door Zijn menswording en aardse bediening de dood heeft afgeschaft (zonder inhoud of betekenis heeft gemaakt) en leven en onsterfelijkheid aan het licht heeft gebracht door het Evangelie.*
>
> 2 Timotheüs 1:10 AMP

Net zoals Henoch zullen zij de kracht van een eindeloos leven ontdekken.[6]

> *Het was geloof dat Henoch weghield bij de dood*
>
> Hebreeën 11:5 GNT

In het *'Kainos'* tijdperk heeft de dood zijn angel verloren.

Maak je klaar om hele hoge leeftijden te zien, regeneratie van de jeugd en onsterfelijkheid. Dit kun je je nu misschien haast niet voorstellen, maar het komt eraan en sneller dan je denkt.

Het is zelfs al begonnen.

---

Referenties:

[1] Inedia is Latijn voor vasten.
[2] John Crowder, The Ecstacy of Loving God: Trances, Raptures, and the supernatural Pleasures of Jesus Christ. Destiny Image (2008)
[3] Kathie Walters, Celtic Flames. Good News Ministries (1999)
[4] Broeder Yun met Paul Hattaway, The heavenly man: The Remarkable True Story Of Chinese Christian Brother Yun. Monarch Books (2002)
[5] Joan Carroll Cruz, Mysteries, Marvels, Miracles in the lives of the Saints. Tan Books and Publishers (1997)
[6] Voor meer informatie hierover kunt u luisteren naar onze Podcast: Life and Immortality. Gratis beschikbaar op http://companyofburninghearts.podomatic.com (maart 2015)

# NOOIT MEER SLAPEN: DE NACHT BENUTTEN

*Wanneer je in de aanwezigheid van de Vader staat, heb je geen slaap meer nodig.*

*Paul Keith Davids*

Weet je dat de gemiddelde persoon 8 uur per nacht slaapt? Als je 75 wordt heb je dan dus ongeveer 25 jaar geslapen. Niet te geloven toch? 25 jaar pitten!

Ik weet niet hoe het met jou zit, maar ik wil dat mijn tijd op aarde een verschil maakt, zelfs in de nacht. Ik wil niet wegdrijven naar dromenland en dan wakker worden en geen notie hebben wat er intussen is gebeurd. Dat is niet zoals het hoort!

Wanneer ik slaap wil ik in de Geest zijn, bewust en alert zijn. Aanhaken in het Koninkrijk van de Vader. Ik wil niet bewusteloos zijn en de verbinding verbreken. De Bijbel belooft ons echter veel meer dan dat. Denk hier eens over na:

> *Maar die zijn vreugde vindt in de wet van de HEERE en Zijn wet dag en nacht overdenkt.*
>
> Psalmen 1:2 HSV

Hoe is het mogelijk om dag en nacht te overdenken? Kijk ook eens naar deze aanwijzing:

> *Ik sliep, maar mijn hart waakte.*
>
> Hooglied 5:2 HSV

Dus je kunt wakker blijven én slapen?! Dat klinkt fantastisch. Dat wil ik!

Hier maken wij kennis met nog een heerlijke waarheid. Het Evangelie verandert niet alleen onze dagen met allerlei nieuwe mogelijkheden. Het verandert ook de nachten! In de nacht kunnen wij aanhaken bij de hemel en reizen in de Geest. Hele nachten ondergedompeld zijn in het geluk van mystieke eenheid. Avonturen over de hele wereld beleven en zelfs bij de sterren langs gaan.

Ik ervaar hier al het één en ander van. Er zijn nachten geweest dat ik mij heel bewust richtte op het opgaan in God. Ik heb ontdekt dat de hemel meer opengaat als ik focus op eenheid en in Hem zijn. Dat is de wet van verlangen en focus.

> *Schep vreugde in de HEERE, dan zal Hij u geven wat uw hart verlangt.*
> *Psalmen 37:4 HSV*

Mijn vriend Ian Clayton heeft geleerd dat het mogelijk is om niet alleen te leven met weinig slaap, maar ook om wakker te blijven terwijl je slaapt. Hij draagt zijn lichaam in zijn geestelijke mens. Ian stond steeds vroeger op om te bidden. Hij had zo'n honger, maar hij had altijd het gevoel dat hij niet genoeg tijd bij de Vader was. Hij realiseerde zich dat zijn fysieke mogelijkheden beperkt waren.

Uiteindelijk vond hij de oplossing. Hij leerde om 's nachts op te gaan in de Geest en in de Berg van God. Nu heeft hij 's nachts zijn meest diepe ervaringen. Als wij samenwerken vraag ik altijd wat er die nacht gebeurd is. Hij heeft altijd iets nieuws te vertellen. Vaak iets wat van groot belang is voor de samenkomst van die dag.

Hij leeft ook wekenlang met heel weinig slaap en overstijgt daarmee zijn lichamelijke beperkingen. Ik heb gezien hoe hij een hele conferentie lang bezig kon zijn, terwijl hij rechtstreeks van het vliegveld kwam. Dat is ongelooflijk wanneer je net van Nieuw-Zeeland naar Engeland bent gevlogen zonder dat je onderweg geslapen hebt. Dat is pas een *'Kainos'* leven.

Klinkt dat te mooi om waar te zijn? Lees maar door!

Opnieuw kijken wij naar Jezus, de Ene die ons hoop geeft dat er grotere dingen op komst zijn!

> *Het gebeurde in die dagen dat Hij naar buiten ging, naar de berg, om te bidden; en Hij bleef heel de nacht in gebed tot God.*
> *Lukas 6:12 HSV*

Het lijkt erop dat Jezus kon kiezen om te slapen of niet! Soms bleef Hij de hele nacht op om te bidden.

Dit is nog verbazingwekkender als je bedenkt hoe hectisch het leven van Jezus was. Hij liep overal naartoe. Hij was mentor van een stel heftige discipelen. Hij genas de zieken en preekte tegen massa's mensen. Hij diende religieuze leiders van repliek en ga zo maar door.

Het ziet ernaar uit dat Hij de natuurlijke wetten oversteeg en aanhaakte bij een realiteit in een hogere dimensie. Een realiteit die normale slaappatronen te boven gaat. Een levensstijl doortrokken van Leven.

Hoe is dat mogelijk? Kunnen wij dat ook?

Profeet Paul Keith Davis ontving een deel van het antwoord. Hij had een overweldigend visioen waarin hij zag dat Jezus op de berg aan het bidden was. Paul verwachtte dat Jezus zijn best zou doen om wakker te blijven. Maar in plaats daarvan putte Hij energie uit de aanwezigheid van Zijn Vader. Hij hoefde niet tegen de slaap te vechten of de uren te tellen. Hij werd opgetrokken bij Pappa en de nacht leek tijdloos. Jezus moest zichzelf eerder losrukken in de ochtend. De hele nacht was Hij in vervoering. Jezus stond verfrist op in de vroegte, vol van vreugde.

De aanwezigheid van God is de sleutel tot het mysterie. Aanhaken bij de aanwezigheid van God opent poorten naar eindeloze mogelijkheden. Als wij in Hem leven zijn alle dingen mogelijk.

*'Als je in de aanwezigheid van de Vader staat, heb je geen slaap nodig.'*
*Paul Keith Davis*[1]

Ik heb het gevoel dat de potentie van de nacht nooit gebruikt wordt. Zo wil ik echter niet langer door het leven gaan.

Ik weet dat een groeiend aantal mensen de nacht herovert. Zij doorbreken de beperkingen van normale menselijke patronen. Mensen zoals Nancy Coen. Ons begrip van wat het betekent om te leven op aarde zoals in de hemel, wordt door haar op de helling gezet.

Dit is het getuigenis van Nancy Coen:[2]

> *In alle keren dat ik naar de natiën over heel de wereld heb gereisd, heb ik nooit, maar dan ook helemaal nooit een jetlag gehad. Wanneer je kunt zeggen dat je nog nooit een jetlag hebt gehad, terwijl je miljoenen kilometers gereisd hebt, is dat bijna niet te behappen!*
> *Mijn reis hier naartoe (Nieuw-Zeeland) duurde van deur naar deur 64 uur. In die 64 uur heb ik één uur geslapen, maar toen ik uit het vliegtuig kwam was ik zo blij om iedereen te zien! Ik was vol van energie en ik had helemaal geen last van slaapgebrek.*
> *Ik ben in China in grotten geweest waar ik vijf dagen aan één stuk door gepreekt heb, zonder zelfs maar te gaan zitten. Zonder pauze, zonder een dutje, zonder avondeten of een glas water te drinken en zonder het toilet te bezoeken. Hoe is dat nou mogelijk? Menselijkerwijs gesproken, niet.*
> *Hoe is het dan mogelijk geworden? Ik begin de doorbraak te ervaren dat mijn geest de controle over mijn ziel en mijn lichaam heeft.*

Eerder dit jaar, toen ik dit boek ging schrijven, liep ik echt helemaal vast. Ik dacht na over al de dingen die God ons heeft laten zien over *'Bovenmenselijk'* leven. Ik realiseerde mij hoe raar het voor sommige mensen zou klinken. Ik overwoog het hele idee van dit boek op te geven.

Toen kreeg ik van een vriend het onderwijs van Nancy Coen. Ik was stomverbaasd toen ik haar over dezelfde dingen hoorde praten. Ik was zo opgewonden dat ik 10 uur achter elkaar naar Nancy luisterde. Het was als honing voor mij. Ik kon er geen genoeg van krijgen. Zij bevestigde wat ik had gezien en niet alleen dat, Nancy leeft hier al in. Laatst was ik 3 dagen bij Nancy en in die tijd sliep ze helemaal niet. Ze was vol van energie en dan is ze ook nog bijna 70! Verbazingwekkend!

Als je weleens luistert naar onze podcasts, dan weet je dat wij de levens van de Keltische heiligen erg inspirerend vinden. Deze eenvoudige gelovigen wandelden in ware apostolische autoriteit en vormden de bestemming van Ierland, Brittannië en daarbuiten. Ze wandelden in kracht, liefde en diepe nederigheid.

Net als Nancy Coen overstegen zij ook vaak de natuurlijke behoefte aan slaap.

> *Er werd veel gevraagd van Cuthbert. Tussen het leiden van gebed en het intensief onderwijzen door, ging hij daarom regelmatig even wandelen om zich op te frissen. Hoewel hij samen met de gemeenschap aanbad, zocht hij tussen alle drukte door vaak gelegenheid voor stil gebed. Hij beklom dan de kliffen om dicht bij de zee te zijn.*
> *Op een nacht ging één van de broeders stiekem achter hem aan, nieuwsgierig wat hij de hele nacht deed. Terwijl de 'spion' hem volgde, ging Cuthbert naar de zee. Hij ging het water in totdat het aan zijn nek kwam. Daar in het water bracht hij de nacht door, met zijn armen omhoog in lofprijzing. Hij zong bij het geluid van de golven. Bij het aanbreken van de dag ging hij weer terug naar het strand en knielde op het zand om te bidden.*[3]

Ik heb in het water gestaan in de omgeving waar dit gebeurd is. Het is nog frappanter als je bedenkt hoe koud het zeewater wel niet is rond Groot-Brittannië. IJskoud! Ongelooflijk!

Franciscus van Assisi was ook een heilige die bovennatuurlijk leefde. Als radicale jongeman, trok hij uit protest al zijn kleren uit en verliet zijn zeer rijke familie. Hij had een hart voor de verlorenen en de armste van de armen. In het begin was hij dakloos en werd bespot. Een vriendelijke man, Bernard genaamd, had echter medelijden met Franciscus. Hij nam hem mee van de straat en bracht hem naar zijn huis.

> *En dus nodigde hij hem uit voor het avondeten en om te overnachten in zijn huis. St. Franciscus accepteerde zijn uitnodiging en kwam bij hem eten en slapen. Bernard had een bed opgemaakt in zijn eigen kamer, waar 's nachts altijd een lamp brandde. Toen St. Franciscus binnenkwam, ging hij meteen op het bed liggen.*

> *Hij deed alsof hij sliep om zijn heiligheid te verbergen. Na een tijdje ging ook Bernard naar bed. Ook hij ging liggen en snurkte hard, net alsof hij sliep. Toen Franciscus overtuigd was dat Bernard sliep, stond hij op en begon te bidden.*
>
> *Hij hief zijn ogen en handen naar de hemel en zei met grote toewijding en passie: 'Mijn God, mijn God!' Hij bleef op deze manier huilen en bidden tot de volgende morgen, telkens herhalend 'Mijn God, mijn God.'* [4]

Dat Bernard getuige was van deze nederige, bovennatuurlijke slapeloze nacht, veranderde zijn leven. Vanaf die dag was hij een ander mens en hij werd de eerste Franciscaner monnik. Hij werd een goede vriend van St. Franciscus. Hij zorgde voor de armen, stichtte kloosters en leefde een diep mystiek leven. Vaak was hij dagenlang in trance terwijl hij in het bos liep, in extase van liefde. Pure gelukzaligheid!

Ik heb eerlijk gezegd zoveel heiligen waar ik blij van word, ze zijn als vrienden voor mij. Eén van mijn andere favoriete heiligen is Catharina van Siena. Van jonge leeftijd af leefde zij een geheiligd leven. Ze zag al visioenen van de hemel toen ze vijf of zes jaar oud was. Ze was gegrepen door Liefde, en dat ging heel ver.

> *(Ze) sliep elke twee dagen een half uur. Toch was ze nooit futloos, vermoeid of uitgeteld.* [5]

Ze was straalverliefd! Liefde zorgt dat je vergeet te eten, vergeet te slapen. goddelijke Liefde is Leven!

Het is haast niet te geloven, maar sommige heiligen verlegden de grenzen nog verder. De Franciscaanse St. Colette sliep een jaar lang niet. Onvoorstelbaar toch?! Wat zou jij doen met al die extra tijd? Stel je eens voor dat je nooit meer moe bent!

Het kan nog verbazingwekkender: De Spaanse St. Agatha van het Kruis, uit de orde van de Dominicanen, leefde de laatste 8 jaar van haar leven zonder slaap. Ongelooflijk! Dat wil ik! Ik wil zo dicht in Gods nabijheid zijn dat zelfs mijn lichaam in dat opperste geluk deelt.

> *Maar wie de HEERE verwachten, zullen hun kracht vernieuwen, zij zullen hun vleugels uitslaan als arenden, zij zullen snel lopen en niet afgemat worden, zij zullen lopen en niet moe worden.*
>
> Jesaja 40:31 HSV

De 'Voice' vertaling zegt het zo:

*Zij zullen rennen, nooit buitenadem, nooit afgepeigerd. Ze zullen lopen, nooit moe, nooit mat.*

Jesaja 40:31 VOI

De profeet Paul Cain voorzag dat dit Bijbelvers in de komende tijd letterlijk waarheid zou worden. Paul zag bijzonder heldere en gedetailleerde visioenen van de oogst, het was net alsof hij in de bioscoop zat. Hij zag stadions vol mensen in steden over de hele wereld. Het waren krachtige opwekkingsevenementen waar onbekende mensen dagen achter elkaar preekten, zonder pauzes. Ze spraken over de geheimenissen van de hemel. Ze gingen niet zitten, namen geen rust en gingen dagenlang aan één stuk door. Toch waren ze niet vermoeid of afgemat.

Dit komt eraan! Ik geloof het en ik leef ervoor om het te zien. Dit is de reden dat ik schrijf. Ik geloof dat wij door moeten zetten en de grenzen moeten verleggen. Onze capaciteit om grote dingen te dromen voor ons leven, moet worden opgerekt. Laten wij dromen over een wild, fantastisch leven dat de wereld transformeert!

Nancy Coen, Ian Clayton en de heiligen van vroeger laten zien dat het mogelijk is. Meer nog dan dat: Jezus demonstreerde het en nodigt ons uit Zijn voorbeeld te volgen. Als het mogelijk is, dan wil ik het!

Ik daag je uit om het te geloven. Als je vanavond naar bed gaat, haak aan bij de hemel. Blijf oefenen. Uiteindelijk gaat er iets nieuws gebeuren. Kleine sleutels openen grote deuren. Amen!

---

## Discussiepunt: Sliep Jezus?

Ik wil je iets voorleggen wat de Vader mij door openbaring heeft geleerd. Je bent vrij om er anders over te denken als het je niet aanspreekt. Wij hebben tenslotte allemaal het vermogen zelfstandig denken.

De Heilige Geest vroeg mij: 'Denk je dat Jezus lag te slapen in de boot (Lukas 8:28)?'

Ik dacht daar eens over na. Ik dacht aan de storm, het water dat de boot in sloeg, de golven, de luidruchtige paniek van de discipelen. Het lijkt mij geen moment om weg te doezelen. Het was een koud, doorweekt zootje! Wie kan daar nou in slapen? De Heilige Geest antwoordde: 'Hij was opgegaan naar de Vader in extase in de Geest.' Ik stond perplex! Ik vond het zó logisch klinken.

Ik ben een aantal jaar bezig geweest met het bestuderen van mystieke theologie, extases en trances. Ik heb veel gelezen over de levens van de heiligen. Ik wist dat iemand in een hogere staat van mystiek gebed, zich niet meer bewust is van zijn lichaam. Hij is dan losgemaakt van zijn lichamelijke zintuigen en volledig opgeslokt door goddelijke Liefde. In deze staat kan het eruit zien alsof iemand dood is. In extreme gevallen houdt hij of zij zelfs op met ademen.

Ik onderzocht het woord dat Lukas voor 'slaap' gebruikt. Hij koos een ongebruikelijk woord in zijn Evangelie. Het wordt maar 1 keer gebruikt in het hele Nieuwe Testament. Het woord dat hij gebruikt is 'aphupnoo' *(Strongs G 879)*.[6]

Het is afgeleid van twee andere woorden. Het eerste is 'apo'. Dat betekent: een deel van het geheel scheiden. Het tweede woord is 'hypnos', daar komt ons woord hypnotiseren vandaan. Het betekent: een slaapachtige staat of geestelijke verdoving, waarin lichamelijke kracht en activiteit gestopt is.

Hoe bijzonder! Dat is op een haar na dezelfde beschrijving als wat wij lezen in Katholieke theologie over de mystieke extases. Ik leg bij je neer dat dit is wat er met Jezus in de boot gebeurde. Hij gebruikte het boottochtje om volledig op te gaan in de Vader. Ik denk dat dat vaak gebeurde. Time out met Pappa! Een welkome pauze van al die mensenmassa's.

Ik zeg niet keihard dat Jezus nooit geslapen heeft. Hij is tenslotte ook een baby geweest. Wat ik wel zeg is dat Hij als een volwassen zoon, boven de slavernij van de slaap stond (Matthëus 26:40). Slaap was niet de meester. Hij was afkomstig van een Hogere Plaats en zelfs de nacht diende Hem.

> *Maar die zijn vreugde vindt in de wet van de HEERE en Zijn wet dag en nacht overdenkt.*
>
> Psalmen 1:2 HSV

Dag en nacht! Dat vind ik prachtig! Kom op! Laten wij de nacht heroveren!

---

Referenties:

[1] Onderwijs van Paul Keith Davis tijdens de 'Promised Land' workshop in Chester, Engeland met MorningStar Europe (Nov. 2015). Meer informatie op www.morningstareurope.org

[2] Onderwijs van Nancy Coen, beschikbaar via Benji Fiordland op www.revivalschoolnz.com

[3] David Adam - Aidan, Bede, Cuthbert: Three Inspirational Saints. Society for Promoting Christian Knowledge. Bookmarque Ltd (2006)

[4] W. Heywood, The Little Flowers of St. Francis of Assisi. Arrow Books Ltd (1998)

[5] Montague Summers, Physical Phenomena of Mysticism. Kessinger Publishing Co (2003)

[6] James Strong. Strong's Biblical Dictionary gepubliceerd in 1800. Online beschikbaar op www.blueletterbible.org

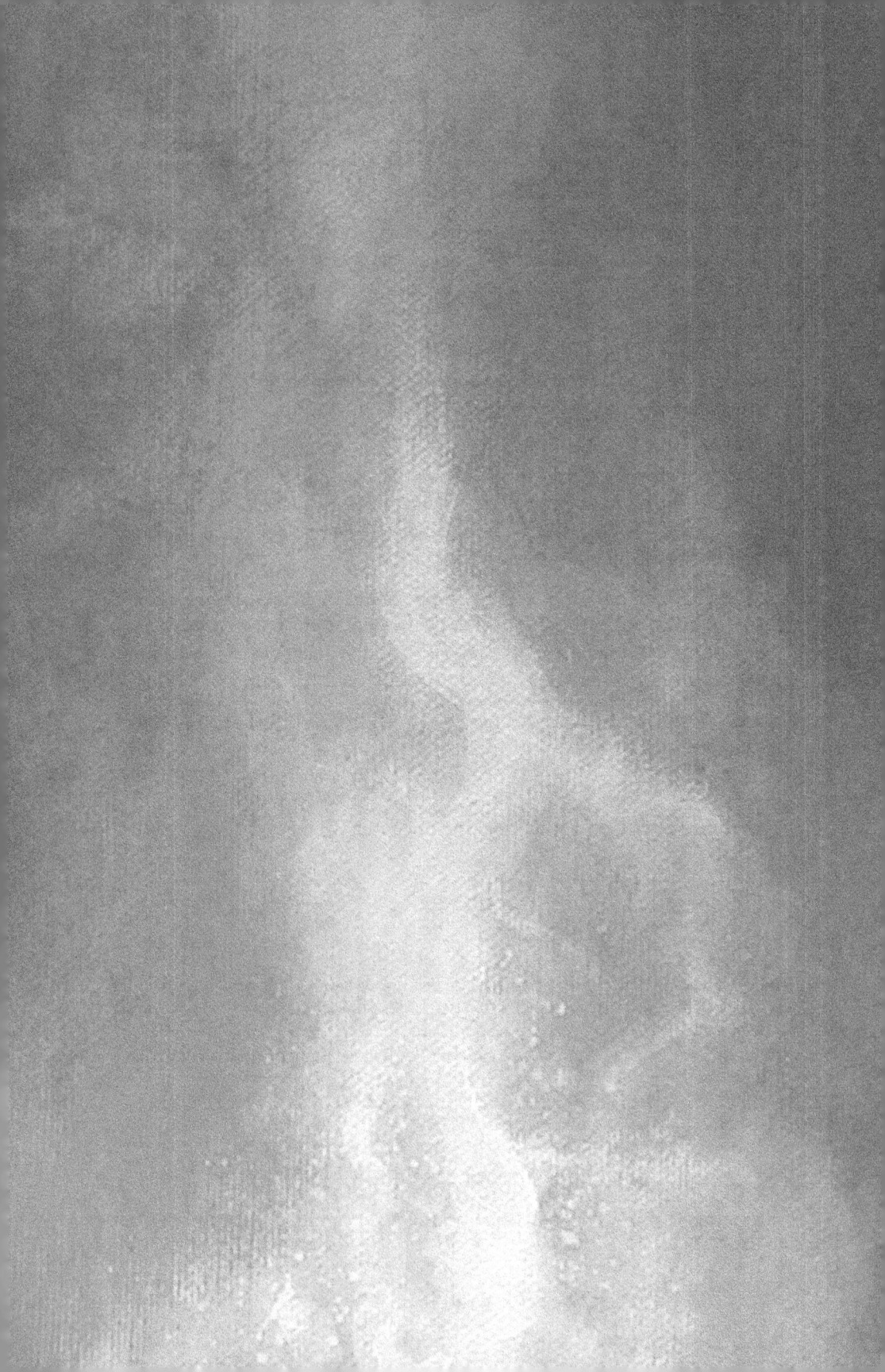

# HEERSCHAPPIJ OVER DE SCHEPPING

*Maar de aarde kwam de vrouw te hulp, en de aarde opende haar mond en verzwolg de rivier die de draak uit zijn bek had gespuwd.*

*Openbaringen 12:16 HSV*

Onze overgrootouders Adam en Eva hadden een krachtig mandaat over de aarde. Als intieme vrienden van de Allerhoogste hadden zij de opdracht orde in de chaos te brengen. Ze moesten de aarde vernieuwen en tekorten aanvullen totdat de schoonheid en de vreugde van Eden hersteld zou zijn.

*Wees vruchtbaar en vermenigvuldig en bevoorraad de aarde. Onderwerp haar en heers.*

*Genesis 1:28 KJV*

Wat een ontzagwekkend plan! Kun je je voorstellen hoe de aarde er nu uit zou zien, als zij hun opdracht wel vervuld hadden? Ik stel mij de aarde vaak volledig hersteld voor. Ik zie de vele nakomelingen van Adam de kosmos ingaan, om daar andere sterren en planeten te vormen, zodat ze weer tot leven komen. Ik stel mij voor hoe Mars er uit zou zien, volkomen hersteld en levend. Het zou fantastisch zijn geweest om daar geboren te worden.

Helaas zijn wij geboren in een andere wereld. De consequentie van de tragische val van de mensheid is een verziekte relatie tussen ons en de planeet en alles wat erop leeft. De hele zaak verloederde. Het werd een drama! Dorens, zwoegen, dieren die elkaar doodden.

De relatie met de aarde werd nog meer beschadigd toen Kaïn Abel doodde. Toen Kaïn bloed vergoot, trok de aarde haar groeikracht terug.

*Als je de grond bewerkt, zal zij haar kracht niet meer aan je geven (ze zal goede oogsten tegenwerken).*

*Genesis 4:12 AMP*

Dat is een verbazingwekkend vers! De aarde kan ons weerstaan of ons helpen. Dit is nog een groot mysterie waar het grootste deel van de kerk overheen kijkt. Wij hebben een dynamische relatie met de aarde. Zij reageert dus werkelijk op ons! Wij beseffen gewoon niet dat de aarde leeft.

Paulus impliceert zelfs dat alles wat geschapen is, een bewustzijn heeft om op ons te wachten. Lees dit bekende gedeelte nog eens langzaam. Laat het op je inwerken. Het is ongelooflijk!

> *Want de hele schepping wacht, verlangt naar de tijd dat de kinderen van God geopenbaard zullen worden. Want weet je, de hele schepping is in leegheid gestort, niet uit eigen wil maar vanwege Gods wil. Toch plaatste Hij binnenin haar een diepe en blijvende hoop, dat de schepping op een dag bevrijd zou worden uit de slavernij van corruptie en de glorieuze vrijheid zou ervaren van de kinderen van God. Want wij weten dat de hele schepping tot op dit moment in eenheid kreunt van weeën.*
>
> Romeinen 8:19-22 VOI

De schepping heeft een diepe en blijvende hoop dat wij leren wat onze relatie inhoudt en dat wij haar vrijmaken. Ik realiseer mij dat wij dit nog maar amper beginnen te begrijpen.

Misschien, heel misschien, zijn wij er nu klaar voor om het te leren. Als 'Kainos' zonen is het wellicht tijd dat onze ogen opengaan. Wij zijn gemaakt om samen te werken met Gods schepping en de natuur te helpen.

Zoals de profeet Bob Jones het zei: Wij zijn de schilden van de aarde. Het is onze taak, onze rol om de aarde te beschermen tegen rampen.

> *Want de schilden van de aarde zijn van God*
>
> Psalmen 47:10 HSV

> *De wachters van de aarde zijn van God.*
>
> Psalmen 47:9 CEB

We zouden ons diep bewust moeten zijn van de aarde en de natuur. Het is ons mandaat om ze te beschermen.

De profeet John Paul Jackson zei:[1]

> *Er is een reden dat God ons niet schiep door simpel te spreken: 'En God zei.' Hij deed dat wel met de planten, de dieren, de maan en de sterren. Hij maakte ons met Zijn eigen handen, Hij nam ons uit de aarde. Waarom zou Hij dat doen? Zou het kunnen zijn dat wij een relatie hebben met de aarde en de aarde met ons, een relatie waar wij nog niet veel van begrijpen? Zou het kunnen zijn dat onze keuzes de aarde beïnvloeden, net zoals dat bij Kaïn gebeurde?*

De Bijbel staat tjokvol met verhalen over de dynamische relatie die wij hebben met de schepping:

> *En de raven brachten hem (Elia) 's morgens brood en vlees en 's avonds brood en vlees, en hij dronk uit de beek.*
> 
> *1 Koningen 17:6 HSV*

> *En van alle vlees waar een levensgeest in was, kwamen ze (de dieren) naar Noach in de ark, twee aan twee.*
> 
> *Genesis 7:15 HSV*

> *Toen hief Mozes zijn hand op en hij sloeg de rots twee keer met zijn staf, en er kwam veel water uit.*
> 
> *Numeri 20:11 HSV*

Er zijn nog veel meer voorbeelden in de Schrift. Het lijkt erop dat er heel wat 'Natuurmystici' in de Bijbel voorkomen. In de Katholieke theologie is dat een bekende term. Je zou haast denken dat onze bestemming met de schepping verbonden is!

Jezus liet ons zien dat wij het aankoppelingspunt tussen het hemelse en het natuurlijke zouden moeten zijn. Kijk wat Hij deed aan het begin van Zijn bediening.

> *En Hij was daar in de woestijn veertig dagen en werd verzocht door de satan; en Hij was bij de wilde dieren, en de engelen dienden Hem.*
> 
> *Markus 1:13 HSV*

Tijdens een periode van grote persoonlijke strijd zijn de wilde dieren en de engelen rondom Hem. De aarde en de hemel reageren op zoonschap.

Dit is het ontwerp van het nieuwe menselijke ras. Het is onze taak om harmonie tussen de dimensies te brengen. Om het zichtbare en het onzichtbare samen te smelten. Er is binnenin ons een magnetisch veld die natuur en de engelen aantrekt. Het is de wet van het Leven.

Jezus liet ook zien dat wij het klimaat en het weer horen te regelen, of zoals Genesis het zegt: 'Onderwerp haar en voer heerschappij.'

> *Toen stond Hij op en bestrafte de wind en de golven. En ze gingen liggen en er kwam stilte. Hij zei tegen hen: Waar is uw geloof? Maar zij waren bevreesd en verwonderden zich, en zij zeiden tegen elkaar: Wie is Deze toch, dat Hij ook de winden en het water bevel geeft en ze Hem gehoorzaam zijn?*
> 
> *Lukas 8:24-25 HSV*

Als de natuur niet in balans is, is dat onze schuld.

Waarom zeg ik dat?

Het antwoord zit in het verhaal hierboven. Jezus verweet de discipelen in feite dat zijzelf niks gedaan hadden. Ze hadden eerder al vele wonderen gedaan. Waar was hun geloof?

Indien wij tot God bidden totdat Hij ingrijpt, functioneren wij eigenlijk op een lager niveau. Het is iets heel anders dan zelf te wandelen in de autoriteit van het Koninkrijk. Wij zijn hier om de aarde te beschermen en met liefde in ons hart te dragen, zodat wij haar vorm kunnen geven.

Ik geloof dat dit ook van toepassing is op de meeste aardbevingen, orkanen, droogtes, zware sneeuwstormen en dergelijke. Zulke zaken worden in de media vaak als een 'goddelijke daad' (Amos 3:6) beschreven. Ik heb echter eerder het idee dat ze het gevolg zijn van het feit dat de Ecclesia het laat afweten. Wij zijn tenslotte de regering, de beschermers van de aarde.

Een belangrijk onderdeel van het leven in dit nieuwe tijdperk zal het beheersen van weersinvloeden zijn. Wij zijn vaak betrokken geweest bij het vormgeven van het weer, soms met verbluffende resultaten.

Op een keer waren wij in Brisbane, Australië om te spreken. De lucht was strakblauw, er was geen wolkje te zien. Ze vertelden ons dat het al drie maanden niet geregend had. Ik vroeg onze gastheren waarom ze dat niet hadden veranderd. Ze keken mij met grote ogen aan bij het idee om het te laten regenen.

We baden dat het over drie dagen zou gaan regenen. Wij wilden namelijk nog zoveel mogelijk van de zon genieten, voordat wij naar huis gingen.

Drie dagen later, op weg naar het vliegveld, zagen wij hoe de lucht betrok en de donderwolken aan kwamen drijven. Het was een prachtig gezicht. Eenmaal in het vliegtuig keek ik naar buiten en zag de eerste druppels op het raam. Precies zoals wij gebeden hadden. Wij lachten erom. Alles was perfect!

God heeft ons ook weleens de opdracht gegeven het weer in Groot-Brittannië op strategische momenten te veranderen. Zo hebben wij een keer de hele winter lang de sneeuwstormen tegen gehouden. Het was verbazingwekkend! De meteorologen hadden een barre winter voorspeld. De kranten konden geen grip krijgen op wat er aan de hand was. In plaats van sneeuw scheen de zon! In januari waren salades en barbecues de bestverkochte artikelen.[2] Het was hilarisch!

Jezus beheerste niet alleen de stormen, Hij had ook de controle over de in het wild levende dieren.

> *Maar Simon antwoordde en zei tegen hem: Meester, wij hebben heel de nacht gewerkt en niets gevangen, maar op Uw woord zal ik het net uitwerpen. En nadat zij dat gedaan hadden, vingen zij een grote hoeveelheid vissen en hun net begon te scheuren. En zij wenkten hun metgezellen, die in het andere schip waren, dat zij hen moesten komen helpen. Die kwamen en zij vulden beide schepen, zodat zij bijna zonken.*
>
> Lukas 5:5-7 HSV

Kun je je voorstellen om zó te vissen? Waarom niet? Wij zijn gemaakt volgens hetzelfde ontwerp als Jezus.

Weer een (nogal bizar en fantastisch) verhaal:

> *Ga naar de zee, werp een vishaak uit, en pak de eerste vis die bovenkomt. Doe zijn bek open en u zult een stater vinden.*
>
> Mattheüs 17:27 HSV

Jezus had die munt zo in zijn hand kunnen creëren. Waarom deed Hij het dan op deze manier? Misschien was het om ons partnerschap met de schepping te demonstreren. Hoe dan ook, ik vind het prachtig!

Natuurwonderen stopten niet bij Jezus. De heiligen hielden van de natuur, en de natuur hield van hen. Misschien heb je wel schilderijen van heiligen gezien die door dieren werden omringd.

De Franciscaner monniken hadden in het bijzonder een sterke relatie met wilde dieren en zij hielden van de natuur. God gebruikte die liefde vaak om hele gemeenschappen te veranderen. In het volgende verhaal preekte St. Antonius in een stadje genaamd Rimini. Daar woonden koppige, moeilijke mensen. Na vele dagen preken wilden ze nog niet luisteren.

> *Daarom werd St. Antonius op een dag door de Heilige Geest naar de oever van de rivier gestuurd. Antonius stond op de kust tussen de zee en de rivier. Hij begon tegen de vissen te preken alsof hij naar hen gestuurd was: 'Hoor het woord van God, vissen van de zee en de rivier, want de goddeloze heidenen willen er niet naar luisteren.'*
>
> *Toen hij dat gezegd had kwam er een gigantische hoeveelheid vissen naar de oever. Ze staken hun koppen boven water en keken aandachtig naar het gezicht van Antonius. Het ging allemaal heel vredig en ordelijk... Hoe langer Antonius preekte, hoe meer vissen er kwamen...De mensen van de stad kwamen aangerend om dit fantastische wonder te zien. Het was duidelijk dat ze in hun harten geraakt werden. Ze wierpen zich allemaal aan de voeten van St. Antonius om zijn woorden te horen.*[3]

De symbiotische relatie tussen mens en natuur werd waarschijnlijk nog het beste begrepen door de Keltische heiligen. Zij zagen zichzelf onlosmakelijk verbonden met de natuur. Ze noemden de Heilige Geest zelfs de Wilde Gans!

In dit verhaal is St. Cuthbert op reis om zeer geïsoleerde groepen te bereiken met het Evangelie. Wij noemen dit 'dolen', het onbekende pad volgen. Cuthberts jonge discipel voelde zich niet lekker vanwege de honger[4].

> *Cuthbert zei tegen hem dat hij niet zo sip moest kijken en vertrouwen moest hebben: 'De Heer zal vandaag voor ons voorzien, zoals Hij altijd doet.' Toen wees hij naar een arend die over vloog. 'Kijk die vogel, hoog in de lucht. Voor God is het mogelijk om door middel van de arend voor ons te zorgen.'*
> *De jongeman begreep niet precies wat Cuthbert bedoelde. Maar toen ze verder langs de rivier trokken zagen ze de arend zitten met een vis in zijn klauwen. Cuthbert zei: 'Ga snel kijken wat de Heer ons door de arend voor eten heeft gebracht.' De jongeman rende erheen en kwam terug met een grote vis, die de arend in de rivier had gevangen.*
> *Maar Cuthbert zei: 'Wat heb je gedaan, mijn zoon? Waarom heb je onze dienares haar aandeel niet gegeven? Snij hem snel in tweeën en breng haar het stuk dat ze verdiend heeft door voor ons te zorgen.'*

De Kelten respecteerden de schepping en begrepen onze heilige verbondenheid. De geschiedenis vermeld ons dat natuurwonderen altijd zijn voorgekomen. Ik zou een boek vol kunnen schrijven met ongelooflijke verhalen. Het volgende verhaal is wat recenter.

Mark Sanford schrijft erover in zijn boek *'Healing the Earth'* (de aarde genezen). Mark was met zijn team op zendingsreis in Taiwan. Ze hadden grote problemen met insectenbeten. Mark had dringend hulp nodig:[5]

> *De teamleden klaagden dat ze vanwege de muggen niet konden slapen. Toen dacht ik bij mezelf: 'Gods oorspronkelijke plan met deze beesten was vast niet dat ze ons zouden lastigvallen. Als Jezus de wind en de golven het zwijgen oplegde, dan zou ik in Zijn naam toch minstens de muggen aan moeten kunnen.'*
> *Omdat ik niet buiten m'n boekje wilde gaan, vroeg ik God om toestemming voordat ik de muggen in de naam van Jezus gebood weg te blijven. De volgende ochtend werd ik zonder bulten wakker. Ik had ongestoord geslapen. In de kamer naast mij zat een teamlid met dikke ogen de bulten over zijn hele lichaam te krabben.*

Mark had beter voor het hele team kunnen bidden! Ha! Wij moeten nog zoveel leren. Maar wij groeien en ik denk dat wij verbaasd zullen staan hoe ver dit uiteindelijk zal gaan. Wij moeten groot dromen!

Het is interessant dat in het Hebreeuwse boek *'Jubeljaren'*[6] wordt onderwezen dat dieren voor de zondeval met elkaar en met ons konden praten. Zij spraken met één stem. Tragisch genoeg ging deze vaardigheid na de zondeval verloren. Toen Adam viel, vielen de dieren met hem.

Ik geloof dat wij in onze *'Kainos'* natuur de taal connectie met dieren weer kunnen maken. Onze zintuigen kunnen wakker worden:

> *Maar vraag toch de dieren, en zij zullen je onderwijzen, de vogels in de lucht, en zij zullen het je bekendmaken. Of spreek tot de aarde, en zij zal je onderwijzen, de vissen in de zee zullen het je vertellen.*
>
> *Job 12:7-8 HSV*

Ik ben ervan overtuigd dat de dag komt dat ook de dieren volkomen verlost zullen worden. Het herstel van de relatie tussen mens en dier, is namelijk ook onderdeel van het oorspronkelijke ontwerp. Zij maken deel uit van de ontluikende, getransformeerde aarde.

> *Kinderen zullen spelen met slangen en leeuwen zullen stro eten.*
>
> *Jesaja 11:7-9, 65:25 HSV*

Ongelooflijk!

Wij moeten het 'alles' van het Evangelie heroveren. Jezus kwam om te redden wat verloren was gegaan, dat is inclusief de aarde, de planten en de dieren.

> *God was in Christus. Hij werkte door Christus heen om de hele wereld weer bij Zich terug te brengen.*
>
> *2 Korinthe 5:19 NLV*

> *God zette alles weer recht tussen Hem en de hele wereld door de Messias, de wereld kreeg een nieuwe start...*
>
> *2 Korinthe 5:19 MSG*

St. Maximus begreep dat wij verbonden zijn met de toekomst van het universum.[7]

> *De mens is geen wezen dat los staat van de rest van de schepping; hij is van nature met het hele universum verbonden. Op zijn weg naar eenheid met God, kan de mens op geen enkele manier andere schepsels negeren. De kosmos is ontregeld door zonde. De mens brengt in Zijn liefde de hele kosmos samen zodat die getransfigureerd mag worden door genade.*

Dát is mooi! Getransfigureerd door genade! Ik vind dat zo goed gezegd. Zo zachtaardig.

Als wij wakker worden zal de aarde bloeien en zichtbaar reageren. Ze zal tot leven komen!

> *Want in blijdschap zult u uittrekken en met vrede voortgeleid worden. De bergen en de heuvels zullen voor uw ogen uitbreken in gejuich en alle bomen van het veld zullen in de handen klappen.*
>
> Jesaja 55:12 HSV

Als wij de schepping in ons hart dragen zullen wij ontdekken dat ze leeft en graag wil reageren!

De uitdaging is om onze relatie met de natuur te veranderen. Dit is een woord voor NU. Het zal het verschil maken tussen orde en chaos, regen of droogte, storm of rust.

Wij zijn de beschermers van de aarde!

---

Referenties:

[1] John Paul Jackson. Citaat beschikbaar op http://streamsministries.com/resources/discipleship/some-thoughts-about-the-earth-and-righteousness
[2] Supernatural weather miracle – http://www.telegraph.co.uk/finance/newsbysector/retailandconsumer/8985975/shops-feel-the-chill-as-country-basks-in-mild-winter.html
[3] Heywood, The Little Flowers of St. Francis of Assisi. Arrow Books Ltd (1998)
[4] David Adam - Aidan, Bede, Cuthbert: Three Inspirational Saints. Society for Promoting Christian Knowledge. Bookmarque Ltd (2006)
[5] John Sandford and Mark Sandford, Healing the Earth…A Time for Change. BT Johnson Publishing (2013)
[6] R.H. Charles, The Book of Jubilees. Uit 'Aprocrypha and Pseudepigrapha of the Old Testament'. Oxford Clarendon Press (1913)
[7] John Sandford and Mark Sandford, Healing the Earth…A Time for Change. BT Johnson Publishing (2013)

# HET HEMELS CONFLICT

*Toen was er een oorlog in de hemel. Michael en zijn engelen vochten tegen de draak. De draak en zijn engelen vochten terug*

*Openbaringen 12:7 CEB*

We naderen het einde van dit boek. Ik hoop dat je er tot hiertoe van genoten hebt. In de volgende twee hoofdstukken wil ik je helpen om klaar te zijn voor de strijd die voor ons ligt. In onze vreugde is het ook nodig om sterk te zijn in de kracht van Zijn macht. Ja, er is een strijd, maar Jezus zei:

*Deze dingen heb Ik tot u gesproken, opdat u in Mij vrede zult hebben. In de wereld zult u verdrukking hebben, maar heb goede moed: Ik heb de wereld overwonnen.*

*Johannes 16:33 HSV*

De waarheid is dat wij geboren worden te midden van een hemels conflict. Er woedt een strijd in de hemel die al begonnen was voordat Adam gemaakt was. Die strijd heeft de kosmos verwoest en het zonnestelsel is nog maar een schaduw van wat het eens was.

In deze chaotische rotzooi koos God een kleine, onbeduidende plek om het herscheppingsproces te beginnen. Een plek die bepalend is geworden voor de toekomst van alles wat gecreëerd is: de aarde.

Adam werd in een oorlogsgebied geplaatst!

We weten wat er toen gebeurde. De mensheid viel en opnieuw kreeg chaos de overhand. De planten en de dieren verwilderden. De natuurlijke orde van vrede delfde het onderspit door overlevingsdrang en competitie. De satan zat opnieuw overmoedig en trots op de top van zijn bergje.

Geïnspireerd door zijn arrogantie deden andere hemelse wezens mee met de rebellie op de aarde. Zij werden de *'Wachters'* genoemd. Sommige mensen noemden hen engelen of goden. Het is niet duidelijk waar zij vandaan kwamen. Wat wij wel weten is dat zij de hun toegewezen dimensie verlieten en naar de aarde kwamen. Dat ging recht tegen de wil van God in. Zij leerden de mensen technologieën en occulte praktijken. Hun verhaal wordt verteld in het Ethiopische boek van Henoch.[1]

*Kijk en zie wat Azazel (de wachter) de aarde heeft aangedaan. Hij heeft ongerechtigheid onderwezen en eeuwige geheimen onthuld die eens waren voorbehouden aan de hemel...In feite zijn ze allemaal overgelopen en hebben met menselijke vrouwen geslapen. Ze hebben zich seksueel verontreinigd en de mensen allerlei zonden geleerd. Elke vrouw heeft een bovenmaatse reus gebaard. Ze zijn de verkeerde weg gegaan en hebben velen gedood. Bloed is verspild op de grond en er is veel ongerechtigheid.*

In de tijd van Noach resulteerde dit in één grote rotzooi. De aarde werd geteisterd door demonische machten, wezens met gemengd DNA, machtige wezens en reusachtige kannibalen. Overal was de mensheid vervallen tot complete wetteloosheid, occultisme en voortwoekerend kwaad.

*En de HEERE zag dat de slechtheid van de mens op de aarde groot was, en dat al de gedachtespinsels van zijn hart elke dag alleen maar slecht waren. Toen kreeg de HEERE er berouw over dat Hij de mens op de aarde gemaakt had, en het bedroefde Hem in Zijn hart.*

Genesis 6:5,6 HSV

Sommige mensen geloven dat er in die tijd moderne technologieën op aarde waren. Sommigen denken dat er wel zes miljard mensen met gemengd DNA op aarde leefden. Toen kwam de zondvloed en vernietigde hen allemaal. De enige overlevenden waren Noach en zijn familie. Zij ontsnapten door goddelijk ingrijpen.

Jezus zei dat Zijn terugkomst gemarkeerd zou worden door een generatie zoals die in de dagen van Noach. Dat is breinbrekend toch? Helemaal als je Henoch leest en de tijd waarin zij leefden gaat begrijpen. Het waren tijden van heftig conflict tussen licht en duisternis.

Het Hebreeuwse publiek van Jezus was welbekend met het boek van Henoch en de oude verhalen. Zij begrepen wat Hij bedoelde. Zij begrepen dat het betekende dat er vreemde tijden zouden komen!

Als wij in wijsheid groeien en tijd doorbrengen in de glorie, gaat de hemel ons onderwijzen en inzicht geven in dit verborgen conflict. De sluier wordt dunner en wij beginnen te ontdekken dat er meer tussen hemel en aarde is.

In 2003 werden mijn ogen onverwachts geopend. Het begon met een serie dromen.

Ik zag in detail een aantal toekomstige gebeurtenissen. Ik zag de economische depressie van de afgelopen 10 jaar en het verspreiden van de islamitische sharia wetten in het Westen. Ik zag dat de overheid cannabis zou legaliseren, evenals het homohuwelijk en later zelfs het groepshuwelijk. Ik zag ook hoe pornografie de media in zou sluipen en zich zelfs op kinderen zou richten. Ik zag nog veel meer. Bijvoorbeeld plannen voor een namaak islamitische opwekking en een westerse versie van islam. De modewereld en de wereld van de Hollywood sterren worden erdoor beïnvloed. Ik kon niet langer net doen alsof alles oké was. Het was niet oké!

Deze ervaringen sporen mij nog steeds aan om aan de bel te trekken. Ik haat de apathie en de onverschilligheid van onze voor de TV hangende cultuur. Wij staan veel te veel op de automatische piloot. Ik geloof dat ons leven een hoger doel heeft. Ik voel het en zonder dat kan ik niet leven. Er is meer!

De gerespecteerde profeet Paul Keith Davis heeft ook een aantal heftige dromen en visioenen gehad over deze tijd. Toen hij op een avond in zijn bed zat, raakte hij in een soort trance en zag een visioen:[2]

> *In deze ervaring zag ik de hel. Ik keek naar beneden in de hel. Ik zag een soort onzichtbare kracht...die de bedekking weghaalde van wat leek op een mangat. Ik zag een grote ronde ijzeren poort naar de ingewanden van de hel. In het visioen noemde ik het de ingewanden van de hel. Ik zei zoiets als: 'Laat iemand dit tegenhouden!' Ik schreeuwde dat iemand de deksel er weer op moest doen.*
> *Ik zag boze geesten naar buiten komen met golven tegelijk...ik herkende sommigen van hen zelfs. Ik zag iets dat op Adolf Hitler en Joseph Stalin of andere tirannen leek. Er kwamen mensen met een demonische zalving uit de hel naar boven.*
> *Op de een of andere manier werd mij toegestaan te zien, hoe deze geesten zich duidelijk zichtbaar manifesteerden. Zij verschenen in de slaapkamers van mensen in dromen of visioenen. Het was boosaardigheid van een kaliber dan wij nog nooit hebben gezien.*
> *Ze begonnen zich te manifesteren in de kamers van deze mensen. Ik zag hoe zij deze mensen trainden om te wandelen in grotere dimensies van duisternis. Zoiets hebben wij nog nooit gezien.*

Kijk eens naar het journaal. Ik durf te stellen dat dit al begonnen is. Groepen zoals ISIS in Syrië en Irak doen duistere, onmenselijke dingen en zenden het ook nog eens wereldwijd uit. Wie had dat ooit gedacht? De video's en verhalen zijn ongelooflijk. Choquerend!

Paul Keith gaat door:

> *Toen het bijna niet meer te verdragen was, zei ik: 'Ik kan hier niet meer naar kijken!' Ik hoorde een stem bulderen vanuit de hemel die zei: 'De Zonen van het Licht moeten op gelijke wijze reageren.' Ik zag engelen uit de hemel komen.*

*Engelen die apart gezet zijn voor deze confrontatie in de eindtijd. Zij hebben gestaan in de aanwezigheid van de Almachtige God...Ik zag hoe deze engelen uit de hemel kwamen en verschenen in de slaapkamers van mensen. Ik zag hoe zij mensen trainden hoe ze moesten wandelen in de dimensies van Glorie, hoe ze de hemel binnen konden gaan. Hen werd geleerd om te zijn zoals Johannes toen hij zei: 'Ik was in de Geest op de dag des Heeren.' Johannes wist iets; hij had het geheim ontdekt hoe je in de Geest kunt komen.*

Dat wil jij toch ook?

Recentelijk had ik een veelbetekenende visioenachtige droom over dit gevecht. Het was net alsof ik in een 3D-film zat! Wij waren op een bergtop in gevecht met demonische troepen. Ze zagen eruit als het wanstaltige Ork-leger in 'Lord of the Rings'. Ze vochten zo hard, het was niet normaal meer. Wij zaten midden in het gevecht, het ging hard tegen hard. Het was episch!

Toen ging mijn gezichtsveld omhoog zoals dat van een arend. Ik zag waarom het zo heftig was.

Ik zag dat de orks op de top van de berg volledig omsingeld waren. Het was hun laatste grondgebied. Ze waren doodsbang en in paniek. Ze konden nergens meer heen. Ze vochten letterlijk voor hun leven.

Toen hoorde ik een stem roepen over het slagveld: 'Het is tijd voor de vloedgolf!' Ik zag in het visioen dat het allemaal snel voorbij zou zijn als de troepen van het Licht dicht op elkaar gepakt op zouden trekken. Als wij zouden bewegen als een eenheid zou de strijd zo gewonnen zijn. Een vloedgolf is een sterke, voorwaartse golfbeweging. Dit is wat er gebeuren moet.

Onze vriend Ian Clayton vindt het gevecht super. Hij is niet bang voor het demonische leger. Hij heeft al heel vaak met hen gevochten en gewonnen. Hij grijnst breed en zegt dan: 'Ik maak gehakt van ze.' In onze conferentie in het Verenigd Koninkrijk zei Ian het volgende:[3]

> *Het grote probleem is het onderwijs dat wij in de kerk gegeven hebben over de betekenis van het begrip 'verlossing'. Wij hebben christenen geleerd en getraind om uitsluitend een leven op de aarde te leiden. Dat is waar de kerk zich nu voornamelijk mee bezig houdt.*
> *Mijn grootste probleem daarmee is, dat je alleen maar écht op aarde kunt leven is, indien je het leven in de hemel begrijpt. Want wat er in de hemel gebeurt, heeft namelijk volledige heerschappij en invloed op wat er op aarde gebeurt.*
> *Wat er in de geestelijke dimensie gebeurt, verandert wat er op de aarde gebeurt. Wat de gang van zaken in de hemel beïnvloedt, heeft ook zeggenschap op de aarde.*

*Wij moeten leren dat wij voorbestemd zijn om vanuit de hemel te regeren. Daar zullen wij onze positie moeten innemen willen wij verandering op de aarde bewerken. Tot die tijd leven wij met onze gevallen natuur ons leven op de aarde.*

Deze nieuwe wereld zal niet zonder weerstand tot stand komen. Het gevecht wordt in meerdere onzichtbare dimensies gewonnen of verloren. Het is tijd om de hemelse wegen te leren en ons bezig te houden met de dingen van de Vader: gerechtigheid, vrede en vreugde.

*(Jezus zei) Ik zag de satan, een bliksemschicht uit de hemel vallen. Zie je wat ik je gegeven heb? Veilige doorgang als je loopt over slangen en schorpioenen, en bescherming tegen elke aanval van de vijand. Niemand kan zijn hand op je leggen.*
*Lukas 10:19 MSG*

De glorie van het Evangelie is dat God nu in ons en door ons leeft, in overwinning. Wij zijn nu deelnemer aan de vreugde van rechtvaardigheid, de vreugde van het vernietigen van de werken van duisternis. In Christus zijn deze kwaadaardige krachten nu ver onder ons. Ze zijn beperkt in hun macht. Simpel gezegd, het Licht overwint.

Jezus is het voorbeeld. Hij vergruizelde en vernederde de vijand. Hij maakt gehakt van ze.

*Hij ontmantelde aan het Kruis alle schijn autoriteit van al de spirituele tirannen in het universum, en liet hen naakt door de straten marcheren*
*Kolossenzen 2:15 MSG*

Wij zouden Zijn voorbeeld moeten volgen. Heb je er niet genoeg van om steeds aan het kortste eind te trekken? Zoals Bill Johnson zegt[4]:

*De satan is op alle fronten beperkt. God gaf hem zijn gaven en vaardigheden toen hij geschapen werd. Er is nooit een gevecht geweest tussen God en de satan. Het volledige rijk van duisternis zou voor eeuwig weggevaagd kunnen worden met slechts één woord. Maar God koos ervoor hem te verslaan door diegenen die gemaakt zijn naar Zijn gelijkenis, diegenen die Hem uit vrije wil aanbidden.*

Wij zijn het die toegerust zijn om aan de toekomst vorm te geven. Als de wereld een zootje is, dan is dat omdat wij het Evangelie nog niet begrepen hebben. Wij hebben dat nog niet helemaal door. Bill Johnson zei:[5]

*Het belangrijkste doel van Jezus kan worden samengevat in deze ene zin: 'Hiertoe is de Zoon van God geopenbaard, dat Hij de werken van de duivel verbreken zou (1 Johannes 3:8 HSV).' Dat was de opdracht van Jezus, het was de opdracht van de discipelen en het is ook jouw opdracht. Gods doel met jouw redding was niet alleen maar je binnenhalen en bezighouden totdat je naar de hemel doorgesluisd wordt.*

*Zijn doel was veel groter. Hij gaf je de opdracht om de wil van God te demonstreren, 'op aarde zoals in de hemel'. Zodat de aarde getransformeerd wordt tot een schitterende plaats, verzadigd van Zijn kracht en aanwezigheid. Dit is de ruggengraat van de zendingsopdracht en het zou doorslaggevend moeten zijn in jouw en mijn leven.*

Zoals Godfrey Birtill, een profetische muzikant uit de UK, in één van zijn liedjes schreef.[6]

Genoeg - is genoeg - is genoeg - is genoeg!

Het is tijd voor schadevergoeding! Kun je het voelen in de Geest?

Onze generatie is geschapen voor strijd, geschapen voor overwinning.

*Uw mensen zullen zichzelf vrijwillig opofferen (om deel te nemen aan Uw gevecht) op de dag van Uw kracht*
Psalmen 110:3 AMP

De grote strijd komt eraan. Wees niet bang, God woont in jou!

---

Referenties:

[1] David Humphries, The Lost Book of Enoch. Cambridge Media Group (2006)
[2] Paul Keith Davis. De Dagen van Noach, audio onderwijs. Te koop op www.whitedoveministries.org
[3] Citaat ui t live onderwijs van Ian Clayton, tijdens de 'Beyond the Veil' conferentie met COBH. Onderwijs beschikbaar op www.sonofthunder.org.nz
[4] Bill Johnson, Hosting the Presence: Unveiling Heaven's Agenda. Destiny Image (2012)
[5] Bill Johnson, Spiritual Java. Destiny Image (2010)
[6] Godfrey Birtill, Hijacked into Paradise. Whitefield Music (2009)

# DE STRIJD AANGAAN MET VIJANDELIJKE MACHTEN

*Want wij hebben de strijd niet tegen vlees en bloed,
maar tegen de overheden,
tegen de machten, tegen de wereldbeheersers*

*Efeze 6:12 HSV*

In het laatste hoofdstuk hebben wij ons gerealiseerd dat de *'Kainos'* wereld niet zonder slag of stoot gerealiseerd zal worden. Maar deze generatie is er klaar voor! Rechtvaardigheid brandt in ons bloed en het geloof barst uit onze harten. Het kruis heeft ons veroordeeld tot de overwinning. Het is onvermijdelijk!

*Zoals het ochtendlicht zich verspreidt over de bergen, zo is het grote leger wat eraan komt. Er is nog nooit zoiets geweest en zoiets zal er nooit meer zijn…niet te intimideren, nergens bang voor, onverzettelijk, niet te stoppen*

*Joël 2 MSG*

Ben je er klaar voor? Ik wil je helpen. Laten wij eens kijken naar een paar echte geestelijke strijdtaferelen. Wij gaan wat onduidelijkheid wegnemen. Laten wij niet vergeten dat onze strijd geen menselijke oorlog is en zich niet beperkt tot de fysieke wereld.

*We zijn niet in oorlog met vijanden van vlees en bloed alleen. Nee, dit gevecht is tegen tirannen, tegen autoriteiten, tegen bovennatuurlijke machthebbers en demonische prinsen die glibberen door de duisternis van deze wereld en tegen kwade geestelijke legers die op de loer liggen in hemelse plaatsen.*

*Efeze 6:2 VOI*

Om hierover te praten moeten wij een beetje vreemd gaan doen.

Laten wij eerlijk zijn. Als je in de Geest gaat leven ga je zo nu en dan hele vreemde dingen zien. Sommige mensen zeggen dat het allemaal mythes zijn, gewoon verzinsels. Ze zitten er volledig naast! Het is echt!

> *Iets anders verscheen in de lucht. Het was een gigantische rode draak met zeven koppen en tien horens, en een kroon op elk van zijn zeven koppen*
> *Openbaringen 12:3 CEV*

Het boek openbaringen lezen is als een wilde reis door wonderland. Het is abnormaal!

> *Ik hoorde de stem van het vierde dier zeggen: Kom en zie! En ik zag een grauw paard en die erop zat, zijn naam was de dood, en het rijk van de dood volgde hem.*
> *Openbaringen 6;7,8 HSV*

Als je een beetje bang bent aangelegd is dit hoofdstuk misschien nog niet zo geschikt voor je. Je kunt er later op terugkomen.

Ik ga gewoon eerlijk zijn. Ik ben hier nooit naar op zoek geweest. Ik zocht naar God. Ik heb jaren besteed aan 'soaken' in Zijn aanwezigheid. Langzamerhand kreeg ik meer inzicht hoe de wereld functioneert.

Wij hebben langzaam moeten leren hoe wij met de rotzooi af konden rekenen. Wij hebben van alles gezien: vreemde wezens zoals draken, transdimensionale wezens, watergeesten, demonisch bezetenen, stormen, donkere bollen, dingen die eruitzagen als lange dunne gedrochten, zelfs menselijke heksen. De strijd kwam naar ons toe!

In het natuurlijke zijn wij beroofd door boze menigten. Wij hebben religieuze mensen witheet van woede gezien. Wij zijn nog op een haar na gearresteerd op straat. In een jeugdsamenkomst in Frankrijk heeft iemand geprobeerd mij te vermoorden. Al dit soort zaken worden aangejaagd door demonische machten. Deze dingen zijn echt!

Er is een boel rotzooi op de aarde. Op dit moment is het niet anders.

Totdat alle dingen hersteld zijn, hebben wij een strijd te voeren en een wereld te transformeren. Als je bergen in bezit wilt nemen zal je eerst de valse goden, die daar wellicht zijn, eraf moeten trappen. Zo is het nu eenmaal.

Deze duistere machten hebben eeuwenlang weerstand geboden tegen de hemel. Ze zijn trots en overmoedig, overtuigd dat ze stand zullen houden. Ik heb in de Geest een 'Cabal' bezocht. Het zijn de meest arrogante, zelfingenomen wezens die je je voor kunt stellen. Ik kan niet eens beschrijven hoe trots ze zijn. Chique gekleed, egoïstisch en protserig, zich voedend met het stof van de mensheid.

Het zal glorieus zijn om het einde van hun tijdperk te zien! Stel je eens voor!

Om te begrijpen hoe wij de oorlog kunnen winnen moeten wij opnieuw naar Jezus kijken. Jezus werd in de strijd geleid door de Geest. In feite is het God zelf die ons positioneert voor de overwinning.

> *Jezus nu, vol van de Heilige Geest, verliet de Jordaan en werd door de Geest in de wildernis geleid. Veertig wildernis dagen en nachten lang werd Hij door de duivel verzocht.*
>
> Lukas 4:1 MSG

Dit is de plaats van ultieme veiligheid en vreugde: 'Het leven in de Geest'. Volwassenheid betekent geleid worden.

> *Want allen die door de Geest Gods geleid worden, zijn (volwassen) zonen Gods.*
>
> Romeinen 8:14 HSV

Dus wat gebeurde er toen? De profetische schrijver Rick Joyner heeft daar een idee over. Rick heeft in een reeks ervaringen gezien wat er gebeurde. Hij schrijft daarover het volgende:[1]

> *Jezus liep de woestijn in onder een wolk van duisternis zoals nog nooit eerder op aarde voorgekomen was. Alle soorten demonen wemelden door de midden-hemelen rondom en boven de wildernis.*

Rick zag demonische hordes rondom het gebied wervelen. Ze brachten een zware bedrukte sfeer en depressiviteit met zich mee. Stormen en ruzies werden aangewakkerd. Uiteindelijk verscheen de satan. Hij had maar één doel: Jezus verleiden om iets anders te doen dan de wil van de Vader.

> *lucifer stond in zijn meest glorieuze tenue, indrukwekkender dan enige aardse koning ooit zou kunnen bedenken. zijn gezicht was zo vriendelijk en aantrekkelijk, een kind zou zo op hem af zijn gegaan. Jezus herkende hem onmiddellijk en ging staan om hem het hoofd te bieden.*

Jezus was niet onder de indruk van zijn verschijning of verleiding. Hij bleef nederig gehoorzaam aan de Vader, verankerd in Zijn liefde. Hij was bereid te lijden voor de mensheid. Hij zag iets in ons dat zo waardevol was dat Hij Zijn leven ervoor wilde geven. Hij zag wat wij zouden worden: Zijn bruid.

Wat Rick daarna zag vind ik super. Het is zo mooi. Michaël en de engelen waren uitzinnig van vreugde over de overwinning. De lucht brak open en ze vulden de wildernis om Jezus te troosten en te eren.

*De lucht vulde zich tot ver achter de horizon met engelenlegers die hun glinsterende zwaarden hadden getrokken en salueerden voor Jezus. De glorie van het feest in de hemel was groter dan ooit tevoren. Elke engel, elke cherub, elk wezen in de hemel, zong, danste en vierde feest met volle overgave. De Waarheid had overwonnen!*

*Toen Jezus de stoffige weg op liep die naar de bewoonde wereld leidde, kon Hij de blijdschap van de Vader voelen. De engelen langs de kant van de weg zaten op één knie met getrokken zwaarden als eerbetoon, ook zij voelden de vreugde van de Vader. Dit is het voedsel van engelen. Uren daarvoor was het de donkerste tijd ooit, en nu was het de meest stralende tijd ooit. Hoe snel was het allemaal omgeslagen!*

Ik vind dat prachtig. Wees bemoedigd vriend, als jij in deze tijd ook getest wordt, hou vol. De storm gaat voorbij. God is trouw en Hij leidt je erdoorheen met veel blijdschap en eer!

*Overnacht 's avonds het geween, 's morgens is er gejuich.*
Psalmen 30:6 HSV

In de voetstappen van Christus veroverde de vroege kerk gigantische gebieden. De 120 waren niet te stoppen. Hoe meer duisternis tegenstand bood, hoe meer het goede nieuws zich verspreidde. Zelfs martelaarschap was olie op het vuur. Het ging in één generatie als een lopend vuurtje door het hele Romeinse rijk.

Er ontstonden dappere kleine gemeenschappen, die de corruptie van Rome verwierpen. Zij waren de 'Woestijnvaders'. Misschien heb je wel van hen gehoord? In de woestijn vonden zij Eden.

Eén van de eersten was St. Antonius van Egypte.[2] Hij wijdde zichzelf aan intens gebed en vasten. Alleen, in zijn nederige huis, voerde hij extreme gevechten met demonen.

*Plotseling was er een geluid dat de plaats hevig deed schudden. Er ontstonden gaten in de muren en een hele horde verschillende demonen stroomde naar binnen. Ze namen de vorm aan van wilde dieren en slangen.*

*Binnen de kortste keren was de hele ruimte gevuld met geestverschijningen in de vorm van leeuwen, stieren, wolven, adders, slangen, schorpioenen en zelfs luipaarden en beren. Ze maakten allemaal geluiden naar hun aard... Hun gelaatsuitdrukking was woest en het geluid van hun wrede stemmen was angstaanjagend.*

> *Antonius, geslagen en gebeten...bleef onbevreesd, zijn verstand alert...Hoewel hij kreunde vanwege de wonden in zijn vlees, bleef zijn houding standvastig en hij sprak alsof hij zijn vijand bespotte: 'Als jullie ook maar enige invloed hebben, als God jullie heeft toegestaan macht over mij te hebben, kijk, hier ben ik. Verslind mij dan, maar als jullie dat niet kunnen, waarom verspillen jullie dan zoveel moeite aan mij? Want het teken van het kruis en geloof in de Heer is voor ons een muur die door geen enkele aanval van jullie doorbroken kan worden.'*

Ondanks die hele maskerade is de macht van de vijand beperkt. Het kruis heeft elke strijd al gewonnen. De geliefde heilige, door Liefde bewogen, bleef de Psalmen bidden, terwijl hij op Jezus zag.

> *Antonius sloeg zijn ogen op. Hij zag het dak boven zich opengaan en terwijl de duisternis uiteengedreven werd, stroomde het Licht over hem heen. Zodra dit felle licht verscheen, verdwenen alle demonen en de pijn in zijn lichaam was verdwenen. Bovendien was zijn huis, dat een moment daarvoor nog verwoest was, nu volledig hersteld.*

> *Onmiddellijk begreep Antonius dat de Heer daar was. Hij zuchtte vanuit het diepst van zijn hart, en vroeg aan het Licht dat aan hem verschenen was: Waar was U, lieve Jezus? Waar was U? Waarom was U hier niet vanaf het begin om mijn wonden te helen?*

> *En een stem sprak tot hem: 'Antonius, Ik was er, maar Ik wachtte omdat ik je worsteling wilde zien. Maar nu, omdat je moedig standgehouden hebt in dit gevecht, zal Ik je altijd helpen. Ik zal je beroemd maken over de hele aarde' Antonius was 35 jaar oud toen dit gebeurde.*

Jezus hield woord. Het simpele leven van Antonius had grote invloed. Hij inspireerde talloze mensen om kloostergemeenschappen voor gebed te vormen. De Keltische heiligen, de Franciscanen, en vele anderen zijn geïnspireerd door zijn voorbeeld. Zelfs Rome vroeg hem om raad.

De satan zat zo in zijn maag met Antonius dat hij naar zijn huis ging, op de deur klopte en smeekte of hij alsjeblieft op wilde houden. Het is ongelooflijk! De satan (in de vorm van een monnik) zei:

> *Heb medelijden met mij. Ik vraag je, heb je het niet gelezen? De zwaarden van de vijand zijn voor altijd gebroken en je hebt hun steden vernietigd. Kijk, ik heb geen verblijfplaats meer; ik bezit geen stad; ik heb geen wapens meer. Door alle natiën en alle provincies klinkt de Naam van Jezus en zelfs de woestijn zit barstens vol monniken.*

Geen wonder dat God hem uitlacht (*Psalmen 2:4*). Zie je hoe erg hij door Jezus vernederd is? Ik zal Antonius laten vertellen wat er verder gebeurde:

> *Toen was ik verwonderd en verheugd over Gods genade. Ik zei tegen de demon: 'Hoewel jij een meester bent in bedrog, ben je toch gedwongen dit toe te geven zonder te liegen. Waarlijk, Jezus heeft je krachten volkomen vernietigd. Al de eer die je als engel had, is van je afgenomen. Je ligt in de modder te rollen.' Nauwelijks was ik uitgepraat, toen de grote gestalte instortte bij het horen van de naam van de Redder.*

Waarom heb ik dit verhaal gekozen? Omdat jij op dit moment misschien door een gevecht heengaat. Strijd is geen teken dat je op het verkeerde pad bent. Het lijkt zelfs in kracht toe te nemen op de weg naar je bestemming. Hou vol en vecht jezelf richting Jezus. Je bent geroepen voor grootheid.

Misschien wordt het je allemaal een beetje te veel. Maak je geen zorgen! Ik heb ontdekt dat Jezus je langzaam laat wennen aan het gevecht, naarmate je vertrouwen en geloof in Hem groeit. Hij is de Goede Herder die zorgt voor Zijn schapen.

> *U dekt de tafel voor mij, biedt mij proviand midden in de aanval van mijn vijanden. U zorgt voor alles wat ik nodig heb. U zalft mijn hoofd met verzachtende, geurige olie. U vult mijn beker opnieuw en opnieuw met Uw genade*
>
> Psalmen 23:5 VOI

Rust is het grootste wapen dat wij hebben. Als wij rusten in Hem, rust Hij in ons en zijn wij compleet. Dit is de ultieme overwinning: met Hem op Zijn troon zitten.

> *Wie overwint, zal Ik geven met Mij te zitten op Mijn troon, zoals ook Ik overwonnen heb, en Mij met Mijn Vader op Zijn troon gezet heb.*
>
> Openbaringen 3:21 HSV

Ik hoop dat dit hoofdstuk je een beetje geholpen heeft. Er valt nog zoveel meer over te zeggen, maar ik vertrouw er volledig op dat Jezus je zal onderwijzen in alles wat je hierover weten moet. Bij Hem ben je in goede handen!

We zullen hier eindigen met een briljante uitspraak uit 'Lord of the Rings'. In dit verhaal overwint een klein volk genaamd de Hobbits, samen met een bij elkaar geraapt zootje heldhaftige vrienden, de grootste duisternis allertijden.[3]

> *Het is zoals in de grote verhalen, meneer Frodo. De verhalen die echt van belang waren, vol van duisternis en gevaar. Soms wilde je het eind niet eens weten, want hoe kon het ooit nog goed aflopen?*

*Hoe zou de wereld terug kunnen keren naar hoe het ooit was, als er zoveel kwaad was geschied? Maar uiteindelijk is deze schaduw ook van voorbijgaande aard. Zelfs duisternis moet voorbijgaan. Een nieuwe dag zal komen. En als de zon schijnt, schijnt ze des te stralender!*

Heerlijk als een verhaal goed afloopt!

---

Referenties:

[1] Rick Joyner, When God Walked the Earth. MorningStar Publications (2007)
[2] Carolinne White, Early Christian Lives. Penguin Books (1998)
[3] J.R.R. Tolkien, beschikbaar op http://www.councilofelrond.com/moviebook/4-07-the-stories-that-really-matter/

# EPILOOG: VOORBIJ DE AARDE KOSMISCHE GEVOLGEN

Ik kon dit boek niet beëindigen zonder je uit te dagen met nog een laatste mysterie. Het is een mysterie waar ik al jaren over nadenk. Het is leuk om in de verre toekomst te staren en je voorstellingsvermogen nog iets meer op te rekken. Laten wij het over buitenaards leven hebben: de gevolgen van het Evangelie voor de kosmos!

Ik houd van de aarde. Het is de wieg van de mensheid. Hoe mooi het hier nu ook is, wij weten dat er grote veranderingen gaan komen en dat het dan allemaal nog veel heerlijker wordt. Alles wordt weer helemaal nieuw en glorieus.

> *En ik zag een nieuwe hemel en een nieuwe aarde, want de eerste hemel en de eerste aarde waren voorbijgegaan. En de zee was niet meer. En ik, Johannes, zag de heilige stad, het nieuwe Jeruzalem, neerdalen van God uit de hemel, gereedgemaakt als een bruid die voor haar man sierlijk gemaakt is. En ik hoorde een luide stem uit de hemel zeggen: Zie, de tent van God is bij de mensen en Hij zal bij hen wonen, en zij zullen Zijn volk zijn, en God zelf zal bij hen zijn en hun God zijn.*
>
> *Openbaringen 21:1-3 HSV*

We worden voortgestuwd naar een nieuwe gouden eeuw. Wij zullen God zien. Alles zal veranderen.

Dit is weer een nieuw *'Kainos'* mysterie, iets wat heel dicht bij het hart van de Vader ligt. Het is de rol van de Ecclesia om in de gehele kosmos te regeren. Samen met Christus zijn wij erfgenamen van alles wat de Vader bezit.

> *De Geest zelf getuigt met onze geest dat wij kinderen van God zijn. En als wij kinderen zijn, dan zijn wij ook erfgenamen: erfgenamen van God en mede-erfgenamen van Christus;*
>
> *Romeinen 8:16,17 HSV*

> *Alles waarvan Christus zegt dat het van Hem is, zal ook van ons allemaal zijn*
>
> *Romeinen 8:16,17 PHI*

Het staat je volkomen vrij er anders over te denken, maar volg met mij de logica van het heerlijke Evangelie:

> *Want (zelfs) de (hele) schepping (de hele natuur) wacht vol verwachting en verlangt er hevig naar, dat de zonen van God bekend gemaakt worden (wacht op de onthulling, de openbaring van hun zoonschap)*
> *Romeinen 8:19 AMP*

> *En de hoop is dat uiteindelijk al het geschapen leven gered zal worden van de tirannie van verandering en verval, en zijn aandeel zal hebben in de fantastische vrijheid die alleen maar kan toebehoren aan de kinderen van God.*
> *Romeinen 8:18-21 CEB*

Denk daar eens over na: alles en iedereen, de hele schepping wacht op de bevrijding van het verval, door de kinderen van het Licht. Ga niet voorbij aan de diepe gevolgen die verborgen zijn in het Woord. De Bijbel is ongelooflijk en past zich niet aan aan onze comfortzone. Wij worden uitgenodigd in de schoonheid van het mysterie, uitgenodigd naar plaatsen ver voorbij onze wildste dromen.

> *Weet je, God kan alles, veel meer dan je je ooit kunt voorstellen, of kunt raden, of kunt vragen in je wildste dromen!*
> *Efeze 3:20 MSG*

Zullen wij het even hebben over het heelal? Onze planeet zweeft eigenlijk in het heelal. In de nacht zien wij de sterren en de maan. Het heelal is noodzakelijk voor ons bestaan.

Kijk maar eens goed naar het heelal. Het ons bekende heelal is minstens 13.8 miljard lichtjaren groot. Het zit vol planeten, manen en sterrenstelsels die op zichzelf dan weer uit miljarden sterren bestaan. Het is prachtig!

Eén speldenprikje in de sterrenhemel bevat, volgens wetenschappers, ongeveer 10.000 sterrenstelsels. Niet te bevatten! Eén speldenprik is 10.000 sterrenstelsels!

Wat zit er in die sterrenstelsels? Heeft de *'Kainos'* schepping een doel voorbij de aarde, tussen de sterren? Denk je daar wel eens over na? Dat deed ik vroeger nooit, maar toen ik in 2013 in Zuid-Afrika was, zag ik hoe een boek met openbaringen ontsloten werd in een droom. Ik zag hoe waarheid die eerst verzegeld was geweest, nu aan velen geopenbaard werd. De Heilige Geest maakt ons bewust van glorieuze nieuwe mogelijkheden:

> *Maar aan ons heeft God hen onthuld en geopenbaard, via en door Zijn Geest, want de (Heilige) Geest zoekt ijverig. Hij verkent en onderzoekt alles en peilt zelfs de diepe en bodemloze dingen van God (de goddelijke raadzittingen en dingen die verborgen zijn en voorbij de controle van de mens)*
>
> 1 Korinthe 2:10-12 AMPC

Eerder dachten wij dat het heelal voornamelijk zwart en leeg was. De wetenschap is aan het ontdekken dat het mooier en wonderbaarlijker is dan wij ons vroeger ooit hebben voorgesteld. Het heelal is vol gigantische sterren, zwarte gaten, wervelende nevels, prachtige kleuren en donkere materie (de mysterieuze substantie waar het grootste deel van de ruimte uit bestaat). Wij weten nog maar zo weinig.

Wetenschappers dachten vroeger dat de aarde de enige planeet was die geschikt was om op te leven. Nu vinden ze vele mogelijke planeten in de bewoonbare zone rond de sterren. Senior Astronoom Seth Shostak van het SETI Instituut (dat zoekt naar buitenaardse intelligentie) zegt[1]:

> *Het aantal leefbare planeten in ons sterrenstelsel is zeker in de tientallen miljarden, en dat is een voorzichtige schatting. Dan hebben wij het nog niet eens over de manen, want manen kunnen ook leefbaar zijn, weet je. Het aantal sterrenstelsels dat wij kunnen zien, buiten ons eigen sterrenstelsel is ongeveer 100 miljard. Dus 100 miljard maal 10 miljard is 1000 miljard miljard (leefbare planeten) in het zichtbare universum.*

Dit alles bevindt zich in onze ruimte bubbel genaamd het *'Uni-versum'*. Er kan daarbuiten nog meer zijn.

> *Het universum waar wij in leven is wellicht niet het enige universum. In feite zou ons universum onderdeel kunnen zijn van een oneindig aantal universums die samen een multiversum vormen.*[2]

De Bijbel leert ons dat God vele hemelse plaatsen heeft gemaakt.

> *Sinds het begin is God Schepper, -van de hemelen en de aarde.*
>
> Genesis 1:1 NaB

'Hemelen' in de Bijbel kan soms ook betekenen 'heelal'. Laten wij nog eens kijken naar deze verzen:

> *Zie ik uw hemelen, door uw vingers gemaakt, maan en sterren die Gij hebt gegrondvest*
>
> Psalmen 8:3 NaB

> *Toen leidde Hij hem naar buiten en zei: Kijk toch naar de hemel en tel de sterren, als u ze kunt tellen. En Hij zei tegen hem: Zo talrijk zal uw nageslacht zijn.*
> *Genesis 15:5 HSV*

> *Wees ervoor op uw hoede dat u uw ogen niet opslaat naar de hemel, en de zon, de maan en de sterren ziet, heel het leger aan de hemel, en u laat verleiden om u voor hen neer te buigen en hen te dienen.*
> *Deuteronomium 4:19 HSV*

Er zijn zeker andere dimensies op dit moment heel dichtbij ons.

Er is een dimensie die wij niet zien *(2 Korinthe 4:18)*, een derde hemel *(2 Korinthe 12:2)*, een allerhoogste hemel *(2 Koningen 6:18)*, veel woningen in het huis *(Johannes 14:2)*, plaatsen op de aarde en onder de aarde *(Openbaringen 5:3)*, een plaats dichtbij de zon *(Openbaringen 19:17)* en dan nog de hel *(Lukas 16:23)*.

Kwantum snaartheoretici beweren dat er 10 dimensies zijn. De meesten daarvan vallen buiten de huidige wetenschappelijke onderzoeksmogelijkheden. Andere kwantum theoretici zeggen dat het er nog wel meer zouden kunnen zijn. Ik heb Ian Clayton wel eens horen zeggen dat het er 32 zijn! Ik heb hem er verder nog niet naar gevraagd.

Toch is dit het meest verbazingwekkende wonder: op de één of andere manier wacht alles, elk onderdeel, op het openbaar worden van Jezus in de *'Kainos'* zonen. Alles wacht op onze onthulling met Christus in glorie.

> *De hele schepping staat op zijn tenen om het prachtige schouwspel te zien van de zonen van God die hun plaats beginnen te vinden*
> *Efeze 3:10 CEB*

> *...kan bijna niet wachten om te zien wat er daarna gaat gebeuren*
> *Efeze 3:10 MSG*

> *(Het doel is) dat door de kerk de complexe, veelzijdige wijsheid van God, in al zijn oneindige verscheidenheid en ontelbare aspecten, nu bekend gemaakt zou kunnen worden aan de machthebbers van de engelen en de autoriteiten (overheden en machten) in de hemelse dimensie.*
> *Efeze 3:10 AMP*

Het is vastgelegd in ons geestelijke DNA om onze grenzen te verleggen net als Henoch, de vriend van God, dat deed. Henoch zag 'al de geheimen van de hemelen' en was de eerste die schreef over het zonnestelsel. Dit is vastgelegd in het Ethiopische boek van Henoch[3] dat Judas in het Nieuwe Testament ook aanhaalt.

Henoch was de zevende generatie vanaf Adam, dit is symbolisch voor het einde van dit tijdperk.

Zou het kunnen zijn dat de aarde slechts het begin is van de nieuwe schepping? Het is de wieg van de mensheid, het startpunt van onze missie om de heerlijke orde van de hemel in de chaos te brengen. Tijdens onze met wonderen gevulde reis, brengen wij de schepping weer in overeenstemming met Christus en met de schoonheid van het oorspronkelijke ontwerp.

> *Zijn steeds uitbreidende heerschappij van vrede zal nooit eindigen. Hij zal regeren met perfecte eerlijkheid en rechtvaardigheid vanaf de troon van Zijn vader David*
>
> Jesaja 9:7 TLB

> *Zijn grondgebied zal constant blijven groeien, en er zal geen einde komen aan vrede*
>
> Jesaja 9:7 LEB

> *Het zal onbegrensde groei...hebben*
>
> Jesaja 9:7 GW

Wij gaan ervan uit dat dit allemaal voor de toekomst is, maar Rick Joyner geloofd dat sommige van de heiligen in de hemel nu al leren te heersen over gebieden in de kosmos. Hij beschrijft in het boek 'De laatste strijd' wat hij hierover zag in een visioen[4]:

> *Ik naderde de rechterstoel van Christus. Degenen met de hoogste rangen zaten ook op tronen, die onderdeel uitmaakten van Zijn troon. Zelfs de minste van deze tronen was vele malen glorieuzer dan welke troon op aarde dan ook. Sommige van hen regeerden over hemelse zaken, anderen over de zaken van de natuurlijke schepping, zoals sterrenstelsels en Melkwegen.*

Ik denk dat de meeste mensen die dit diepe boek gelezen hebben, niet hebben opgepikt wat de gevolgen zijn van wat Rick Joyner zag. Misschien zijn wij nu klaar om echt te luisteren? God doorbreekt ons denkraam!

Op een keer was ik aan het bidden met vrienden en ik was diep weggezonken in God. Opeens zag ik een heel helder licht. Voor een paar seconden werd ik snel omhooggetrokken in deze lichtstraal. Ik had het gevoel dat ik heel snel ging.

Zonder enige waarschuwing bevond ik mij met Jezus in een ander deel van de kosmos. Wij stonden alle twee op iets wat leek op een maan en wij keken uit over een prachtige galactische nevel. Het was fantastisch!

Er waren engelen die eruitzagen als ballen van levend licht. Ze gingen de gaswolken in en uit en aanbaden God. De stofwolken waren rood en oranje als vuur. Vlakbij was een beeldschone blauwige planeet met ringen zoals Saturnus, die het grootste deel van de lucht vulde. Het was adembenemend!

Even later werd ik zonder waarschuwing teruggetrokken naar de kamer waar wij aan het bidden waren. Ik was vol van de Heilige Geest. Ik vroeg mij af waarom dit gebeurd was. Ik denk dat Jezus mij iets wilde laten zien van wat Hij gemaakt had, zoals alle grote kunstenaars dat doen. Het is allemaal gemaakt door Hem en voor Hem. Het is zo verbazingwekkend dat Hij het heerlijk vindt om Zijn schepping met ons te delen! Hij houdt van ons!

> *Want door Hem zijn alle dingen geschapen die in de hemelen en die op de aarde zijn, die zichtbaar en die onzichtbaar zijn: tronen, heerschappijen, overheden of machten; alle dingen zijn door Hem en voor Hem geschapen.*
> *Colossenzen 1:16 HSV*

Jezus heeft het allemaal gemaakt. Wij zouden er niet bang voor moeten zijn. Het is onderdeel van Zijn leven en dus ook van ons leven. Zeker nu wij één met Hem zijn geworden. Ik weet dat dit onderwerp wel wat anders is dan wij gewend zijn. Als je volwassen wordt, ontdek je steeds meer. Dat is het goddelijke Plan!

Mijn conclusie, na alles wat ik in dit boek geschreven heb, is deze: 'Ik ben er vast van overtuigd dat er geen historisch precedent is voor wat er nu aankomt. Het is niet simpelweg een opleving of een herhaling van vroegere opwekkingen (hoezeer wij het verleden ook koesteren en respecteren). Geen denkraam kan de grenzeloze Christus in ons bevatten.'

De apostel Paulus begreep deze waarheid en zei:

> *Ik geef het nooit op om voor jullie te bidden; en dit is mijn gebed: 'Dat God, de God van onze Heer Jezus Christus en de in alles glorieuze Vader, jullie geestelijke wijsheid zal geven en het inzicht om meer van hem te kennen, zodat jullie de innerlijke verlichting van de Geest mogen ontvangen, die jullie ervan bewust zal maken hoe groot de hoop is waar Hij jullie toe roept, de pracht en de luister van de erfenis die beloofd is aan de christenen, en hoe gigantisch de kracht is die beschikbaar is voor ons die geloven.'*
> *Efeze 1:17-19 PHI*

Wij worden

buitenaards,

transdimensionaal

en onsterfelijk.

Wat er ook aankomt in de toekomst, de kosmos zal erin betrokken zijn. Hetzij door de vooruitgang van de ruimtevaart en de kwantum technologie, hetzij door *'Kainos'* teleportatie of simpelweg door te leren reizen in de Geest. Ik weet dat wij opgroeien om onderdeel te zijn van een veel groter geheel. God leidt ons een hele nieuwe wereld binnen en wij zullen nooit meer achteromkijken!

> *De laatste generaties op deze aarde zullen leven in het grootste avontuur dat de wereld ooit gezien heeft.* [5]

Het is echt waar, dan zullen wij zeggen dat God de beste wijn voor het laatst heeft bewaard!

---

Referenties:

[1] Seth Shostak. Citaat beschikbaar op http://www.huffingtonpost.com/2014/06/24/habitable-planets-seth-shostak_n_5527116.html
[2] Clara Moskowitz. Citaat beschikbaar op http://www.space.com/18811-multiple-universes-5-theories.html
[3] David Humphries, The Lost Book of Enoch. Cambridge Media Group (2006)
[4] Rick Joyner, The Final Quest. MorningStar Publications (1996)
[5] Rick Joyner, The Apostolic Ministry. MorningStar Publications (2004)

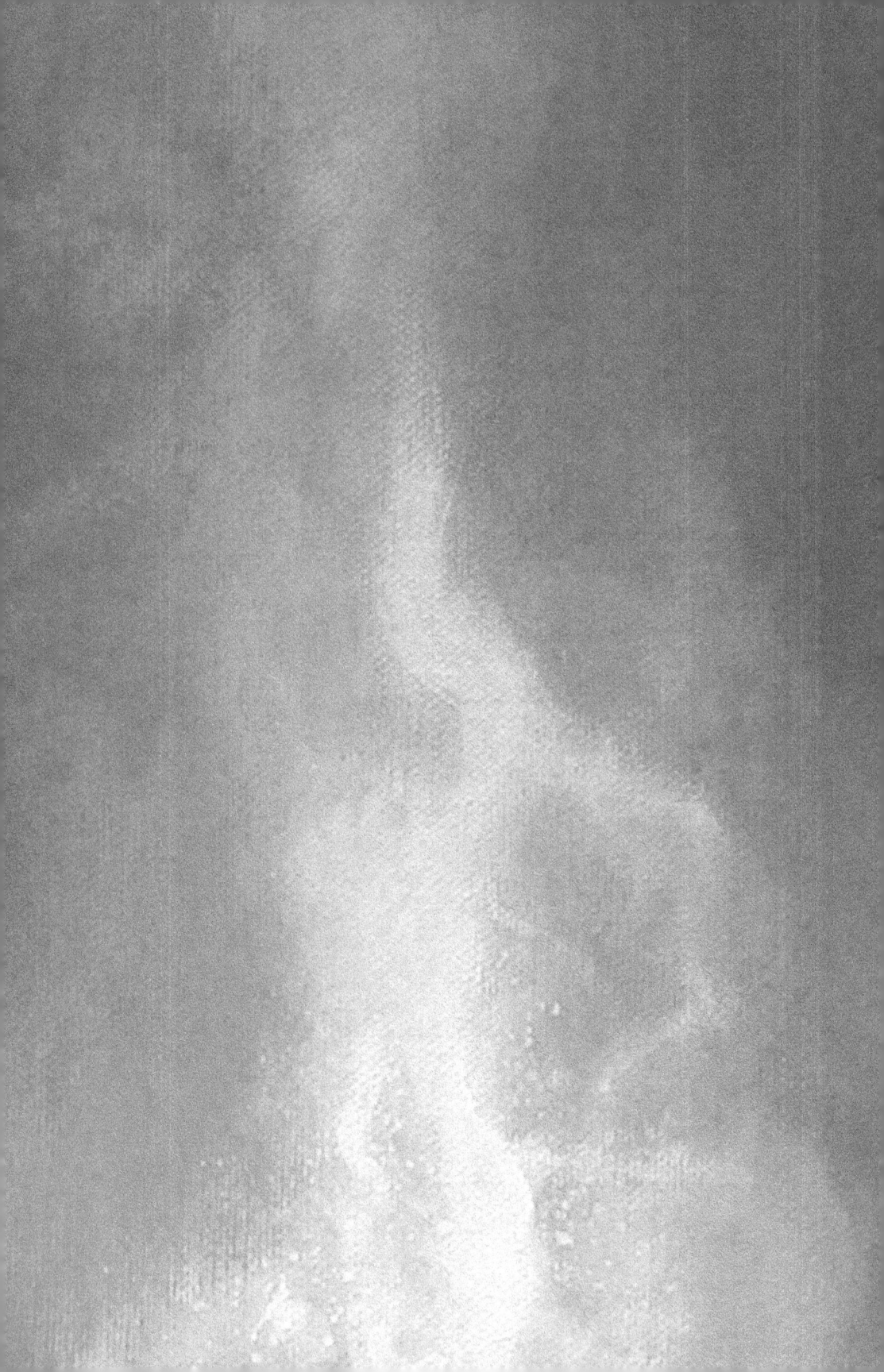

# BIJBEL VERTALINGEN

De volgende vertalingen zijn in deze uitgave gebruikt en zijn als volgt afgekort:

| | |
|---|---|
| **AMP -** | Amplified Bible copyright 2015 van de Lockman Foundation, La Habra, CA 90631 |
| **AMPC -** | Amplified Bible, Classic Edition copyright 1954, 1958, 1962, 1964, 1965, 1987 van de Lockman Foundation |
| **BE -** | Bible in Basic English, Copyright ©1965 by Cambridge Press in England. |
| **BB -** | BasisBijbel, uitgegeven door de Zakbijbelbond. |
| **CEB -** | Commen English Bible. |
| **CEV -** | Contemporary English Version, copyright 1995 van de American Bible Society |
| **CJB -** | Complete Jewish Bible, copyright 1998 van David H. Stern |
| **DAR -** | Darby Translation, Publiek Domein |
| **DLNT -** | Disciple's Literal New Testament, copyright 2011 van Michael J. Magill. Alle rechten voorbehouden. Uitgegeven door Reyma Publishing |
| **DRB -** | Douay-Rheims 1899 American Edition, Publiek Domein |
| **ERV -** | Easy-to-Read Version, copyright 2006 van Bible League International |
| **GW -** | God's Word Translation, copyright 1995 van God's Word to the Nations. Baker Publishing Group |
| **HCSB -** | Holman Christian Standard Bible, copyright 1999,2000, 2002, 2003, 2009 van Holman Bible Publishers, Nashville Tennessee |
| **HSV -** | De Herziene Statenvertaling, © 2010 Stichting Herziene Statenvertaling, www.herzienestatenvertaling.nl. Gebruikt met toestemming. |
| **ISV -** | International Standard Version, copyright 1995-2014 van ISV Foundation. Davidson Press. LLC |
| **KJV -** | King James Version, Publiek Domein |
| **KNO -** | The New Testament Paperback, copyright 1997 van Ronald A. Knox |
| **LEB -** | Lexham English Bible 2012 van Logos Bible Software. Lexham is een geregistreerd handelsmerk van Logos Bible Software |
| **MIR -** | The Mirror Bible, copyright 2012 van Francois du Toit |
| **MSG -** | The Message (MSG) copyright 1993, 1994, 1995, 1996, 2000, 2001, 2002 van Eugene H. Peterson |
| **NaB -** | Naardense Bijbel © 2014 |
| **NBG51 -** | NBG-vertaling 1951, © Nederlands Bijbelgenootschap 1951. |

| | |
|---|---|
| **NLT -** | New Living Translation, copyright 1996, 2004, 2007, 2013 van de Tyndale House Foundation. Tyndale House Publishers Inc., Carol Stream, Illinois 60188. Alle rechten voorbehouden. |
| **NLV -** | New Life Version, copyright 1969 van Christian Literature International |
| **NOG -** | Names of God Bible, The Names of God Bible (zonder aantekeningen), copyright 2011 van baker Publishing Group |
| **PAS -** | The Passion Translation, Copyright 2014 van Brian Simmons |
| **PHI -** | The New Testament in Modern English van J.B. Philips, copyright 1960, 1972 J.B. Philips In opdracht van The Archbishops' Council van de Church of England. |
| **TLB -** | The Living Bible, copyright 1971 van de Tyndale House Foundation |
| **TCNT -** | Twentieth Century New Testament, copyright 2013 van Hardpress Publishing |
| **WE -** | Worldwide English (New Testament), copyright 1969, 1971, 1996, 1998 van SOON Educational Publications |
| **WMS -** | The New Testament in the Language of the People, het Grieks door Charles B. Williams, copyright 1972 van Moody Publishers |
| **WNT -** | The Weymouth New Testament (ook bekend als The New Testament in Modern Speech), copyright 1903 James Clarke &Co (London) |
| **VOI -** | The Voice, The Voice Bible copyright 2012 Thomas Nelson, Inc. The Voice vertaling 2012 Ecclesia Bible Society |

**Noot van de Uitgever:**

De auteur heeft zijn onderwijs met vele Bijbelteksten onderbouwd. Daarbij maakt hij gebruik van een groot aantal Engelstalige versies van de Bijbel. In deze uitgave is ervoor gekozen deze Engelse vertalingen één op één in het Nederlands te vertalen en niet altijd gebruik te maken van beschikbare Nederlandse Bijbelvertalingen. Op deze wijze worden de intenties van de auteur om de meest passende vertaling te gebruiken, het beste gehonoreerd.

# BONUS HOOFDSTUK: WANDELEN IN DE LUCHT

*Uw energieke schoonheid is binnen in ons gekomen –*
*U bent zo goed voor ons! Wij lopen op de wolken!*

*Psalmen 89:17 MSG*

Ah, je hebt het verborgen hoofdstuk gevonden! Ik dacht dat het leuk zou zijn om er nog één 'Kainos' idee bij te stoppen, zoals een extra scène na de aftiteling van een film. Ik heb nog een aantal andere hoofdstukken geschreven die niet door de selectie kwamen, maar dit konden wij niet weglaten. Het is gewoon zo 'Kainos' leuk!

Levitatie!

Als je nog wat meer aankunt, lees dan verder…daar gaan we!

Jezus kwam en herstelde onze positie. Wij zijn op de plaats waar wij altijd al voor bestemd waren. In Zijn laatste daad voordat Hij terugging naar de hemel, zweefde Hij gewoon omhoog en verdween.

> *Terwijl Hij Zijn opdracht beëindigde, steeg Hij voor hun ogen op van de grond, totdat hun zicht op Hem vervaagde door de wolken.*
> *Handelingen 1:9 VOI*

Ik denk dat Jezus dit deed om aan de wereld te laten zien dat de Zonen het luchtruim bezitten. Wie het luchtruim bezit wint de oorlog.

Velen hebben Jezus' voetsporen gevolgd en zijn omhoog gestegen. Honderden Katholieke Heiligen hebben dit gedaan. En hoeveel anderen in het verborgene?

> *Wie zijn dezen, die daar komen aangevlogen als een wolk?*
> *Jesaja 60:8 HSV*

Dit wonder heet 'Levitatie' of 'hemelvaart'. Het is een fenomeen dat hoort bij mystiek gebed. Het wordt vaak geassocieerd met extase en geestvervoering.

Het lijkt erop dat de zwaartekracht niet op kan tegen de heerlijke aantrekkingskracht van goddelijke Liefde!

Dit is het getuigenis van Maria Villani, een Dominicaanse non[1]:

> *Op een gegeven moment werd ik mij bewust van een nieuwe ervaring. Ik voelde mij gegrepen en opgetrokken uit mijn zintuigen, en wel zo krachtig dat ik als geheel vanaf mijn voetzolen werd opgetild. Ik werd opgetild zoals een magneet een stukje ijzer optilt, maar zo voorzichtig, dat het heerlijk en verrukkelijk was.*
>
> *Eerst was ik erg bang, maar later ervoer ik de grootst mogelijke tevredenheid en vreugde in mijn Geest. Ik was helemaal van mijn stuk, maar ondanks dat, wist ik dat ik een stuk opgestegen was boven de aarde. Mijn hele wezen hing daar voor enige tijd. Tot en met afgelopen kerstavond (1618) is dit mij vijf keer overkomen.*

Eén van de grootste invloeden in mijn leven is Teresa van Avila. Zij was een mystieke theologe die alles wat ze beschreef zelf meemaakte. Ze documenteerde de stadia van gebed en hoe de verschillende niveaus van extase voelen. Ik heb haar autobiografie stuk gelezen[2]. Ik neem hem over de hele wereld mee op reis.

In dit verhaal was Teresa aan het preken en ze voelde dat er een levitatie aankwam. Ze had haar vrienden gevraagd haar te helpen als het zou gebeuren. Ze geneerde zich![3]

> *Ik voelde dat de Heer mij weer omhoog ging halen. Eén keer in het bijzonder, tijdens een preek. Het was tijdens het feest van onze beschermheilige en er waren belangrijke dames aanwezig. Ik lag op de grond en de zusters probeerden mij tegen te houden, maar toch werd de levitatie gezien.*

Stel je eens voor! Een stel nonnen sprongen bovenop haar. Wat moeten de dames die op bezoek waren wel gedacht hebben? Het zal er heel grappig uit hebben gezien! Ze werd evengoed opgetild door de Geest.

Teresa beschrijft gedetailleerd hoe zij deze levitatie ervoer. Dit verhaal maakt mij zo hongerig naar God.

> *De effecten van levitatie zijn fantastisch. Ten eerste wordt de machtige kracht van God zichtbaar. Wij zien dat wij geen enkele controle hebben over onze ziel of ons lichaam tegen de wil in van Zijn Majesteit.*
>
> *Wij zijn de meesters niet. Of wij het nou leuk vinden of niet, wij zien dat er Eén machtiger is dan wij. Hij betoont ons Zijn gunst en vanuit onszelf kunnen wij helemaal niets.*

Ze vervolgt:

> *Dit vervult ons met diepe nederigheid. Ik geef toe dat het in mij in eerste instantie een grote angst opwekte, een heel grote angst. Je ziet hoe je lichaam van de grond getild wordt.*

*Hoewel de geest eerst gaat en het lichaam heel voorzichtig meetrekt. Wanneer het lichaam zich niet verzet, blijf je bij bewustzijn.*
*Ik zelf was voldoende aanwezig om ervan bewust te zijn dat ik werd opgetild. De majesteit van de Ene die zoiets doen kan, is zo tastbaar dat je er kippenvel van krijgt, en je wordt bevangen door een grote angst om die grote God te beledigen.*

Zo mooi!

Wat ik zo mooi vind aan Teresa, is dat ze niet aan het proberen was te leviteren of zoiets. Ze werd gewoon hals over kop, stapelverliefd op God. Dit is de mystieke weg. Het is de weg van de Liefde.

St. Franciscus was een ongelooflijk integere man die ook zijn best deed om zijn levitatie geheim te houden. Hij bad vaak op afgelegen plaatsen. Zijn vrienden vonden hem dan hoog in de lucht zwevend. Soms vloog hij zo hoog dat hij uit het zicht verdween.[4]

*(Broeder Leo) vond St. Franciscus buiten zijn cel (kamer) opgetild in de lucht. Soms was hij een meter hoog, soms anderhalve meter. Het kwam ook voor dat hij halverwege of bij de toppen van de beukenbomen was, en sommige van die bomen waren heel hoog. Soms werd de heilige zo hoog opgetild en omringt met zoveel licht dat hij nog nauwelijks zichtbaar was.*

Van jongs af aan leviteerde Catharina van Sienna regelmatig. Hoe vreemd het voor ons ook mag klinken: Ze vloog bij haar thuis zelfs de trap op! Haar biograaf, Raymond van Capua, schrijft:[5]

*Haar moeder vertelde mij dat ze naar boven werd gedragen als ze de trap op wilde, zonder de treden aan te raken. Catharina moest het toegeven. Ze ging dan zo snel naar boven dat haar moeder bang was dat ze zou vallen.*

St. Franciscus van Posadas, een Dominicaan steeg tijdens de Heilige Mis vaak omhoog:[6]

*Hij heeft eens gezegd toen hij weer beneden kwam: 'Ik weet niet of ik wegging van de aarde of de aarde van mij.' Eén keer steeg zijn lichaam omhoog in de lucht en bleef daar hangen tijdens het opzeggen van de consecratie. Toen hij uiteindelijk weer beneden kwam, zag de gemeente dat hij omhuld werd door een groot licht. Zijn gezicht was getransformeerd. Zijn rimpels waren verdwenen, zijn huid was transparant als Kristal en zijn wangen waren dieprood.*

Eén van de meest amusante heiligen met betrekking tot vliegen was een man genaamd Jozef van Copertino. Hij was volledig verslaafd aan God. Simpele dingen als een schilderij van baby Jezus, of dagelijkse communie, brachten hem al in extase of geestvervoering. Hij zweefde zo'n twee à drie uur per dag. Geen wonder dat hij de beschermheilige is van piloten!

Tijdens deze intense vreugde explosies, schreeuwde hij luid en dan steeg hij op. Hij vloog rond en danste zelfs in de lucht! Zijn levensverhaal is opgeschreven door Vader Angelo Pastrovicchi. Het lijkt wel een 'Goddelijke Komedie'. Het is hilarisch![7]

> *Op een keer was Jozef aanwezig bij de toetreding van een aantal nonnen in de kerk van de Heilige Chiara te Copertino. Zodra het koor de beurtzang 'Komt de Bruid van Christus' inzette, zag men hoe Jozef wegsnelde uit de hoek waar hij geknield had gezeten.*
> *Hij ging naar de biechtvader van het klooster, die lid was van de orde van de Reformati. Jozef greep hem bij de hand, tilde hem met bovennatuurlijke kracht van de grond en danste in hoog tempo om hem heen in de lucht.*

Het lijkt Mary Poppins wel! Ik denk dat God van komedie houdt. Denk maar aan die arme Ezechiël!

> *Toen zag ik iets wat leek op een arm. De arm strekte zich uit en greep mij bij mijn hoofdhaar. Toen tilde de Geest mij op in de lucht*
>
> Ezechiël 8:3 ERV

Bizar! Er gaan een boel leuke dingen gebeuren in de komende jaren. Niet al deze dingen zijn diepgaand. Soms is het gewoon voor het leuk! God is een gelukzalige God *(1 Timotheüs 1:11).*

Levitatie is niet alleen een Katholiek fenomeen. De grote genezingsapostel John G. Lake zag levitatie wonderen in zijn samenkomsten. Hij schrijft:[8]

> *Toen ik op een avond aan het preken was, daalde de Geest van God neer op een man op de eerste rij. Het was Dr. E.H. Cantel, een voorganger uit London, Engeland. Hij bleef zitten, maar begon in die houding op te stijgen van zijn stoel en kwam toen langzamerhand weer naar beneden. Vervolgens steeg hij nogmaals op, nog wat hoger, en kwam langzamerhand weer naar beneden. Dit herhaalde zich drie keer. Was het een soort omgekeerde zwaartekracht? Ik denk het niet. Mijn eigen gedachte is dat zijn ziel één werd met de Geest van God. De aantrekkingskracht van God was zo intens, dat hij omhoog werd getrokken.*

De Profeet Bobby Connor had ook een grappig levitatie verhaal. Bobby was in het buitenland en werkte mee in een samenkomst met duizenden aanwezigen. Hij schatte de grootte van het podium verkeerd in en stapte zo over de rand. Tot zijn verbazing zweefde hij in de lucht. Hij schrok ervan en stapte snel weer terug op het podium. Later vroeg hij aan de Heer waarom dit wonder gebeurd was. God zei dat Hij het gedaan had om te voorkomen dat Bobby een flater sloeg!! Hilarisch! Dat is echte vriendschap!

Wij zelf hebben ook leuke dingen meegemaakt met levitatie. Ik was in Melbourne Australia, ik werkte samen met Ian Clayton. 's Ochtends kon ik aan zijn gezicht zien dat Ian een bijzondere nacht achter de rug had. Hij zag er weer zo 'eeuwig' uit. Ian vertelde ons wat er gebeurd was: Hij was midden in de nacht wakker geworden en zijn bed zweefde een stuk boven de grond. Hij was verrast. Wij moesten erom lachen. Het was gewoon grappig. Ian kon het niet verklaren.

Wat onze gedachten over dit onderwerp ook zijn, ons hele *'Kainos'* ras zal uiteindelijk kunnen leviteren, niemand uitgezonderd. De toekomst is al beschreven in de Bijbel. Wij zullen Jezus in de lucht ontmoeten:

> *De Meester zelf zal het commando geven. Gedonder van de Aartsengel! Stoot, trompet van God! Hij zal naar beneden komen uit de hemel en de doden in Christus zullen opstaan. Zij zullen eerst gaan. De rest van ons, die nog leven in die tijd, zullen met hen opgetrokken worden in de wolken om de Meester te ontmoeten. Oh, wij zullen in de wolken zijn! En dan zal er een grote familiereünie zijn met de Meester. Dus stel elkaar gerust met deze woorden.*
>
> *1 Thessalonicenzen 4:15-18 MSG*

Dat zal een fantastisch feest zijn.

Tot ziens in de wolken!

---

Referenties:

[1] John Crowder, The Ecstacy of Loving God, Trances, Raptures and the Supernatural Pleasures of Jesus Christ. Destiny Image (2009)
[2] Teresa of Avila en J. Cohen, The life of Saint Teresa of Avila by Herself. Penguin Books (1987)
[3] Ibid
[4] Joan Carroll Cruz, Mysteries, Marvels and Miracles in the Lives of the Saints. Tan Books and Publishers (1997)
[5] Rev.Fr. Angelo Pastrovicchi, St. Joseph of Copertino. TAN Books (1980)
[6] Joan Caroll Crus. Mysteries, Marvels, Miracles in the Lives of the Saints. Tan Books and Publishers (1997)
[7] Rev. Fr. Angelo Pastrovicchi, St. Joseph of Copertine. TAN Books (1980)
[8] John G. Lake, John G. Lake: His Life, His Sermons, His Boldness of Faith. Kenneth Copeland Publishing (1995)

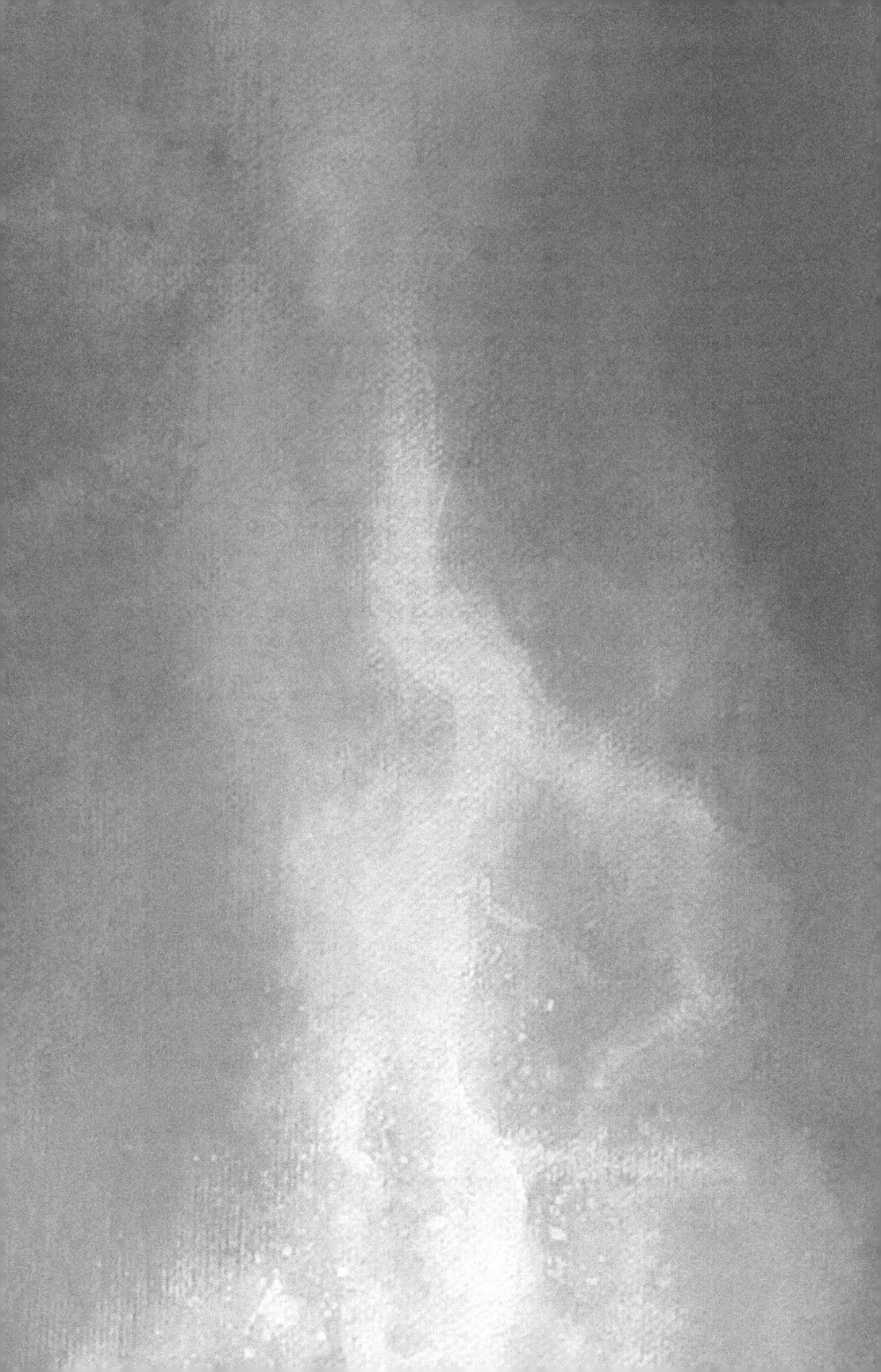

# OVER DE AUTEUR

Justin Paul Abraham is een populaire podcaster en internationaal spreker. Hij staat bekend om zijn vrolijke onderwijs over het blije Evangelie, de mystieke dimensies van God en *'Kainos'* nieuwe schepping realiteit. Hij woont in Groot-Brittannië met zijn vier kinderen: Josh, Sam, Beth en Oliver en zijn inspirerende vrouw, Rachel Abraham.

www.companyofburninghearts.com

www.ingramcontent.com/pod-product-compliance
Lightning Source LLC
Chambersburg PA
CBHW071630080526
44588CB00010B/1349